마음 엄마

마음 엄마

초판 1쇄 발행 | 2025년 7월 1일

지은이 | 이명순
펴낸이 | 황준연
편집 | 기록문화
디자인 | 양선애
펴낸곳 | 작가의집
주소 | 제주도 제주시 화삼북로 136, 102-1004
전화 | 010-7651-0117
출판등록 | 2024년 2월 8일(제2024-9호)
이메일 | huang1234@naver.com
홈페이지 | https://class.authorshouse.net

ISBN 979-11-94947-12-7 03810

※ 책값은 뒤표지에 있습니다.
   이 책은 저작자의 지적 재산으로 무단 전재와 복제를 금합니다.

- 작가의집은 독자 여러분의 소중한 원고를 기다리고 있습니다.
  작가가 되고 싶다면, huang1234@naver.com 으로 보내주세요.

30년 유아교육 현장 전문가가 들려주는
자녀교육·가정·신앙 이야기

마음 엄마

이명순 지음

작가의 집

추천사

깊은 울림과 따뜻한 위로를 전하는
'마음 엄마'의 고백

송광택 목사, 한국교회독서문화연구회 대표

여기, 아침 햇살처럼 따스하고 강인한 한 여성의 이야기가 있습니다. 30년 넘게 어린이집을 운영하며 수많은 아이와 가정을 품고 사랑해 온 '마음 엄마'의 삶을 담은 이 책은, 독자에게 깊은 울림과 따뜻한 위로를 선사합니다. 저자는 새벽기도 후 떠오르는 아침해를 보며 자신을 '아침해'라 부르기로 결심했고, 그 이름처럼 어둠을 뚫고 빛을 발하며 주변을 환하게 비추는 삶을 살아왔습니다.

이 책은 단순히 한 개인의 삶을 담은 이야기를 넘어섭니다. 어린이집 운영을 통해 만난 아이들과 부모님, 선생님들과의 아름다운 만남, 평범한 엄마이자 할머니, 아내, 원장, 사모, 그리고 한 사람의 그리스도인으로서 살아낸 진솔한 고백이 담겨 있습니다. 특히 '차별 없는 사랑'이라는 교육 철학을 30년간 지켜 온 저자의 이야기는 우리에게 진정한 교육의 가치를 되새기게 합니다. 무엇보다도 모든 아이를 조건 없이 사랑하고 존중하는 삶을 실천해 온 저자의 모습은 깊은 감동을 줍니다.

저자는 삶의 모든 순간을 기록하며 그 속에서 감사와 성장을 발견했습니다. 기쁨과 슬픔, 아픔과 고통의 순간에도 감사일기를 통해 감사를 선택하며 절망을 희망으로 바꾸는 힘을 보여 줍니다. '감사는 행복의 문을 여는 열쇠'라는 저자의 고백처럼, 이 책을 읽는 내내 독자들은 감사의 힘이 얼마나 위대한지 깨닫게 될 것입니다.

또한, '나는 행복한 을이다'라는 고백은 우리에게 진정한 행복과 관계에 대한 새로운 통찰을 제공합니다. 남편과의 관계 속에서 기꺼이 '을'이 되기를 선택하며, 더 큰 사랑과 성장을 경험하는 저자의 이야기는 많은 이들에게 공감과 용기를 줄 것입니다. 강사 목사님의 "그가 네게 족한 사람이다"라는 한마디 말씀이 결혼으로 이어지고, 음악학원 원장님의 격려 한마디가 새로운 길을 열어 주었듯, 저자의 삶은 말의 힘이 얼마나 강력한지 증명합니다.

이 책은 자녀 양육에 지치고 힘든 부모, 일상 속에서 삶의 의

미를 찾고자 하는 중장년층, 그리고 유치·보육·교육 현장에서 사명감을 가지고 일하는 교사와 사모들에게 따뜻한 위로와 실제적인 지혜를 건넬 것입니다. 삶은 매일 써내려가는 선물 같은 이야기라고 말하는 저자의 고백은, 독자들에게도 매일의 삶을 감사로 채워 나갈 용기를 줄 것입니다.

저자의 진솔한 삶의 이야기가 담긴 이 책이 독자의 마음에 따뜻한 햇살 한 줄기를 비춰 주길, 그리고 잠시 쉬어갈 수 있는 벤치 같은 위로가 되기를 바라며 진심으로 추천합니다.

목차

추천사 깊은 울림과 따뜻한 위로를 전하는 '마음 엄마'의 고백 • 5

프롤로그 삶은 매일 써내려가는 선물 같은 이야기 • 12

1장 나는 내가 정말 좋다

나는 아침해다 • 18
일기, 종이 위에 남긴 내 인생 • 21
감사는 행복의 열쇠 • 25
나는 행복한 사람 • 29
차별 없는 사랑 • 33
나는 누구의 스승인가? • 37
내 인생을 움직인 한마디 말 • 41
나는 행복한 '을'이다 • 45
운전면허, 28전 29기 도전기 • 50
하루 만 보, 건강 만 배 • 54
퍼낼수록 깊어지는 마중물 독서모임 • 58
하루를 여는 믿음의 선포기도 • 61

2장 마음 엄마, 사랑으로 품다

어린이집 선택보다 더 중요한 것 • 66
듣지 못해도 사랑으로 키운다 • 71
우리 아이 금손 만들기 • 74
깜짝 놀랄 반전 이야기 • 78
엄마는 나만 바라봐! • 83
부모의 좋은 삶이 최고의 교과서다 • 87
엄마, 그때 생각나? • 91
참고 살길 잘했어 • 95
행복한 부부, 건강한 자녀 • 99
우리 엄마는 선생님이 되었어 • 103
두고 보기에도 아까운 사람 • 107

3장 어릴 때 함께한 7년, 평생을 좌우한다

꼭 안아 주세요 • 112
이럴 땐 어떻게 할까요? • 116
어머님, 단 3분이면 할 수 있어요 • 120
지나친 사랑, 독이 될 수 있다 • 123
미디어에 맡긴 양육, 나중엔 돌이킬 수 없다 • 126
어릴 때 함께한 7년, 평생을 좌우한다 • 129
그래도 사랑한다 • 135
토끼보다 못한 모성 • 139
내 아이는 내가 키운다 • 143
문해력 위기시대의 자녀교육 • 147
말은 씨앗, 심은 대로 거둔다 • 151
그럴 수 도 있지 • 156

4장 하나님은 내 인생의 내비게이션

'쌀 한 가마니'의 기적 • 162
영혼을 치유하는 눈물의 힘 • 166
이것만은 놓치지 말아야 • 169
25만 원짜리 교훈 • 173
기적의 사나이 • 177
이름값 하는 인생 • 180

내 인생의 내비게이션 • 185
추석 잔소리 값 • 188
사람 봐 가며 전도해도 되나요? • 192
천국보험 • 196
이글루에 얽힌 추억 하나 • 199
원수가 은인이 되다 • 203

5장 가정, 나를 키운 사랑의 둥지

엄마가 물려주신 믿음의 유산 • 208
빚 갚고 나니 친정엄마가 생각나네 • 212
우린 이렇게 결혼했다 • 215
결혼이 가져온 기적의 선물 • 220
당신이 옳다 • 224
내가 믿음 엄마가 된 것은 • 227
중3 아들이 대학생 누나를 좋아하더니 • 231
기도로 낳아 사랑으로 키운 아들 • 235
육아일기로 보는 그때 그 시절 • 239
다리에 멍은 들었지만, 가슴은 멍들지 않아 • 242
손주 캠프 • 246
증손주 32명을 꿈꾸는 행복한 할머니 • 251

에필로그 감사로 마무리하는 저녁 햇살처럼 • 255

프롤로그

삶은 매일 써 내려가는
선물 같은 이야기

　새벽, 성전에서 기도를 마치고 동쪽 창문을 열면, 어김없이 아침해가 솟는다. 어둠은 물러가고, 온 세상이 눈부시게 밝아온다. 그 순간, 내 입술엔 자연스레 찬양이 흘러나온다.
　"아침 해가 돋을 때 만물 신선하여라
　나도 세상 지낼 때 햇빛 되게 하소서."
　밤새 쌓였던 피로도, 어제의 고단함도, 아침 햇살 속에 씻겨 나간다. 어제보다 더 단단해진 내가 새로운 하루를 시작할 수 있다는 것이 감사하다. 크게 달라지는 것 없는 반복된 일상이지만 나는 매일 자라고 있고, 작은 열매를 맺으며, 누군가에게 기여하고 있음을 안다.
　종종걸음으로 어린이집에 들어서면, 아이들이 달려와 품에 안긴다. 두 팔을 벌려 힘껏 아이를 안아 올린다. 가벼운 아이는 한 바퀴 빙그르르 돌려주며 환하게 웃는다. 이 순간이, 내가 살아 있다는 걸 가장 깊이 느끼게 해준다.

30년 넘게 이 자리를 지키며 아이들과 함께 성장했다. 오늘의 아기가 내일은 어린이가 되고, 머지않아 청소년이 되고, 어른이 된다. 각자의 재능과 적성과 취향을 따라 사회로 나아가고, 또다시 부모가 되어 자녀를 키운다. 이 흐름을 지켜보며, 인생의 첫 선생님으로 자리한 나는 축복받은 사람이다.

이 책은 그런 복된 삶을 살아오며 만난 아이들과 부모님, 선생님들과의 만남 이야기이고, 평범한 엄마, 할머니, 아내, 원장, 사모, 한 사람의 그리스도인이 살아낸 이야기이자 '마음 엄마'의 고백이다. 나는 어린이집을 운영하며 수많은 가정과 부모님들, 아이들을 만났다. 행복한 가정을 이루고 자녀를 잘 양육하는 이들을 보며 기뻤고, 또 한편으론 아픔과 어려움 속에 있는 이들을 보며 무엇이라도 돕고 싶어 발걸음을 재촉했다.

이 모두를 품고 사랑하고 싶었다. 그래서 '마음 엄마'로 불리는 삶을 살게 되었다. 이를 위해 대학원에서 '지역사회 개발'을 전공하며, '어떻게 이웃의 삶을 실질적으로 돕고 함께 살아갈 수 있을까'를 고민했다. 37년 목회를 함께하며 만났던 소중한 성도들, 나를 지지하며 응원하는 남편, 두 아들 내외, 여덟 손주가 함께하는 내 가족, 30년 동안 수백 가정을 품은 어린이집의 이야기, 8년간 통장으로서 안산시 본오2동 지역을 돌본 시간까지 모두가 내 삶의 일부이자 감사의 이유다.

내가 사랑했던 사람들, 감사했던 순간들, 그리고 때론 부끄러웠던 고백도 담았다. 특히 어린이집에서 만난 부모님들과 아이들, 그 안에서 겪은 사랑과 아픔, 그리고 꼭 건네고 싶었던 격려와 위로도 들어 있다. 삶을 한 줄씩 써내려 가며 하나님의 은혜를 되새기고, 작은 감동들을 붙잡아 두었다. 그리고 기도일기, 감사일기, 육아일기, 어린이집 이야기를 꾸준히 기록해 왔다.

이 책이 누군가에게 따뜻한 위로가 되고, 조금이라도 마음에 울림이 된다면 이 또한 하나님이 기뻐하실 일이라 믿는다. 또한 지친 당신의 등을 조용히 토닥여 주며, 잠시 마음이 쉬어갈 수 있는 벤치 같은 글, 때론 울고 있는 마음에 따뜻한 햇살 한 줄기 비춰 주는 글이 된다면 그것만으로도 나는 충분히 행복하다.

나아가 이 책이 자녀를 키우며 지치고 힘들 때 위로가 필요한 부모, 일상 속에 삶의 의미를 찾고자 하는 중장년, 유치·보육·교육 현장에서 일하는 교사와 사모들에게 도움이 되면 좋겠다. 삶은 매일 써 내려가는 선물 같은 이야기다. 그래서 나는 오늘도, 감사하며 다시 쓴다.

    이 책이 나오기까지 내 안의 열정을 끌어내고 지원해 준 기록문화 윤필교(마중물) 대표님께 감사한다. 내가 뭘 하든지 할 수 있다고 응원해 준 남편에게도 감사한다. 두 아들 부부, 손주들, 그리고 사랑하는 성도들과 힘이 되어주는 소중한 공동체에 감사한다. 부족한 글임에도 기쁘게 책을 출간해 주신 작가의 집 황준연 대표님과 추천사를 써 주신 송광택 목사님께 감사의 마음을 전하고 싶다.

아침해 이명순

1장

나는 내가
정말 좋다

나는 아침해다
일기, 종이 위에 남긴 내 인생
감사는 행복의 열쇠
나는 행복한 사람
차별 없는 사랑
나는 누구의 스승인가?
내 인생을 움직인 한마디 말
나는 행복한 '을'이다
운전면허, 28전 29기 도전기
하루 만 보, 건강 만 배
퍼낼수록 깊어지는 마중물 독서모임
하루를 여는 믿음의 선포기도

나는 아침해다

내 인생의 어느 밤, 앞이 캄캄하고 절망뿐이던 시절이 있었다. 그 고난의 때, 하나님께서 내게 주신 말씀은 욥기 23장 10절이다. "그러나 내가 가는 길을 그가 아시나니, 그가 나를 단련하신 후에는 내가 순금같이 되어 나오리라." 이 말씀은 내게 큰 위로와 힘이 되었고, 어떤 어려움도 견딜 수 있는 삶의 지침이 되었다.

바로 1996년 6월 25일 밤, 남편이 교통사고로 고대병원에 입원했던 그날밤에 받은 말씀이다. 그 말씀을 붙잡고 병원 옥상에 올라간 새벽, 동쪽 하늘을 가르며 어둠을 뚫고 떠오르는 찬란한 태양을 보았다. 나는 그 아침해처럼 살고 싶다는 소원을 하나님께 드리며 기도했다. 그날 이후 나는 나를 '아침해'라 부르기로 했다.

"나는 아침해다." 어두운 세상을 밝히고 따뜻하게 비추는 생명의 빛, 긍정의 에너지로 사람을 살리고 세우는 존재, 나아가 그들이 또 다른 빛이 되도록 돕는 삶. 그날 이후, 내 삶에는 역동적인 변화가 일어났다. 기도하며 공부하고, 꿈을 꾸는 하루하루가 이전과는 전혀 달라졌다. 절망의 긴 터널을 벗어나 희망의 새 아침을 맞이했다. "일어나라! 빛을 발하라! 이는 네 빛이 이르렀고 여호와의 영광이 네 위에 임하였음이니라"(이사야 60:1).

"아침해는 매일 힘차게 솟는다." 이 문장이 내 방 벽에 걸려 있다. 가족사진을 중심으로, 내가 이루고 싶은 10가지 비전을 이미지로 담아 꾸며 놓은 게시판. 2036년, 80세까지 이룰 목표들로 가득하다. 기한이 지나 이루지 못한 것도 있고, 이제야 윤곽이 보이는 것도 있지만, 나는 포기하지 않는다. 왜냐하면, 나는 아침해니까. 매일 조금씩 성실하게, 꿋꿋하게 나아간다.

2009년 여름, 충북 괴산군 청천에 예쁜 통나무 황토집을 하나님께서 선물로 주셨다. 초록 잔디가 싱그럽던 그날, 마음 깊은 곳에서 감동이 밀려와 바로 계약했다. 그곳에 나는 '아침해 동산'이라는 이름을 붙였고, 내 비전 중 하나인 "쉼과 회복, 변화와 영적 충전을 위한 공간"으로 세우겠다는 꿈도 함께 키웠다.

그로부터 15여 년. 이곳은 많은 이들에게 쉼터가 되어 주고 있다. 이른 아침 동트는 풍경은 마치 천국의 일부 같고, 맑은 시냇물, 작은 텃밭의 기쁨까지 더해진다. 찾아온 분들이 남긴 감사의 인사는 내게 다시 힘을 준다. 이젠 누구도 원망하지 않는다. 모든 것을 허락하신 하나님께 감사하며, 그분의 손길에 나를 맡긴다.

그럼에도, 살다 보면 또다시 예상치 못한 어려움이 찾아오기도 한다. 그럴 때 나는 다시 그날 새벽, 병원 옥상에서 보았던 태양을 떠올린다. 산 너머로 찬란히 떠오르며 어둠을 걷어내던 아침해. 그 장엄한 순간을 가슴에 품고, 나는 외친다. "나는 아침해다."

나는 따뜻하고 밝고 활기차며, 생명력이 넘치는 아침해다. 나는 나를 사랑한다. 나의 지난날을 안아주고, 내일의 나를 응원하며 매일 아침 거울을 보며 '파이팅!'을 외친다. 남은 삶을 뜨겁게 사랑하며 기쁨으로 달려가려 한다. 내 곁에 있는 누구라도, 이 '아침해'의 빛을 쬐며 새 힘을 얻고, 회복하고, 다시 일어설 수 있다면, 그것이 내가 이 땅에 존재하는 이유일 것이다.

"의인의 길은 돋는 햇빛 같아서 점점 더 빛나 한낮의 광명에 이르거니와"(잠언 4:18).

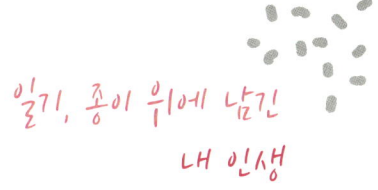

"우와! 원장님! 원피스 너무 예쁘고 잘 어울리세요."

"그래요? 고마워요! 이 원피스, 남편이 10년 전에 7만 원 주고 사 준 거예요."

"아니, 그걸 어떻게 다 기억하세요?"

놀라는 선생님에게 원피스 안쪽에 붙은 상표를 보여 주었다. 그곳엔 구입 연도와 금액이 적혀 있었다. 나는 웬만한 일들을 적어두는 습관이 있다. 덕분에 작은 일도 선명히 기억하고 때로는 그때의 마음도 다시 느낄 수 있다.

내게는 다양한 노트가 있다. 일기장은 물론이고, 아이들 육아일기, 설교와 강의노트, 여행기, 독서감상문, 문장필사 노트, 가계부, 물건구매일지, 편지, 주간계획, 일일업무 기록까지. 크기와 두께가 제 각각인 이 노트들은 내 삶의 저장소이자 보물창고다. 사진과 녹음도 나만의 기록 방식이다. 그 덕에 까마득히 잊은 과거도 되살릴 수 있다. 때로는 추억을 음미하며 감사하고, 때로는 지난 나를 돌아보며 성장의 흔적을 본다.

남편도 나의 이런 습관을 알기에 과거에 있었던 어떤 일이 잘 기억나지 않으면 내게 묻는다. "여보! 그때 거기 언제, 왜, 누구랑 갔었지?" 그러면 나는 금방 찾아볼 수 있기에 빠르고 확실하게 답을 줄 수 있다. 사진을 보면 날짜를 알 수 있기에, 그날의 일기장을 열어 본다. 어김없이 그 순간이 고스란히 적혀 있다. 삶이 한결 풍성해짐을 경험한다. 기쁜 일, 슬픈 일, 아프고 힘든 일도 그 감정, 그 모습 그대로 적었기에 읽는 순간 그때로 돌아간 듯 생생하다.

어린이집을 운영하며 담임교사들에게 강조한 것 중 하나는 '관찰일지'였다. 아이들의 발달을 선생님이 기록해 주는 일은 쉽지 않지만, 졸업하는 아이들에게 한 권의 책처럼 남겨 주면 20~30년이 지난 지금도 연락이 이어지는 감동의 매개체가 된다. 요즘은 '키즈 노트'라는 앱을 통해 사진과 함께 매일의 기록을 부모와 실시간으로 공유할 수 있으니, 디지털 일기가 부모와 아이를 이어주는 또 하나의 다리가 된다.

우리가 사노라면 잊고 싶은 일도 있고, 오래 간직하고 싶은 순간도 있다. 함께하고 싶은 마음, 되새기고 싶은 감정들, 기록은 이 모든 것을 담아내는 그릇이다. 이러한 것이 모여 살아온 '역사'가

된다. 시간은 흐르며 기억은 희미해지고 빛이 바래지만 기록은 고스란히 남아 있다. 그날의 생각, 감정, 기도가 글에 남아 있다. 누군가 "기록은 인류만이 가진 특별한 축복이다"라고 말했는데 정말 그렇다. 글을 쓸 수 있다는 것, 읽을 수 있다는 것은 돈으로 살 수 없는 선물이다.

평생 일기를 써온 나를 가끔 칭찬해 준다. 어떻게 이런 좋은 생각을 하고 기록해 왔을까? 물론 매일 빠짐없이 쓰진 않았지만, 면면히 이어진 일기장이 있어 내 삶을 돌아볼 수 있다. 그 속에는 한 편의 드라마 같은 인생이 있다. 절망의 어둠에서 소망으로 나아가고, 눈물골짜기를 지나 고통의 밤을 지내고, 찬란하게 솟는 아침해 같은 승리도 들어 있다. 기록해 두지 않았다면 잊혔을 인생의 굽이굽이 삶이 종이 위에 살아 있다. 그래서 나는 늘 그때로 돌아갈 수 있다.

자녀들의 성장기를 기록한 육아일기도 내게는 자랑스러운 재산이다. 며느리들이 첫 아이를 낳고 조리원에 있을 때 그 아이 아빠인 내 아들의 육아일기를 건네주었다. 며느리들은 첫아기를 안고 자기 남편이 20여 년간 자라온 모습을 글과 그림으로 만나며 감동하고 눈물을 흘렸다고 한다. 남편을 더 많이 이해하게 되고, 새로운 눈으로 볼 수 있게 되었다니 잘한 것 같다. 지금은 손주들이 그 일기를 보며 "우리 아빠가 이렇게 개구쟁이였어요?"라며 웃는다. 자연스럽게 세대가 이어지고, 기록이 따뜻한 소통이 된다.

　나는 앞으로도 계속 쓸 예정이다. 일기도, 가계부도, 사소한 경험도…. 이젠 노트 대신 컴퓨터의 폴더에 저장되지만, 그 안에도 내 삶의 결이 고스란히 남는다. 내 인생의 기록은 내 생명이 다하기까지 계속된다. 요즘은 손주들에게 기록의 힘을 이야기해 주고, 같이 쓰고 있다. 보이지 않는 마음과 생각을 글로 표현한다는 것은 멋진 일이다. 말하고 읽고 쓰는 힘이 커가는 걸 보며 감사하다. 이참에, 마음을 나눌 수 있는 친구들과 '일기 쓰기 동아리'를 만들어 볼까?

감사는 행복의 열쇠

2023년 10월, 기독연합신문 기자로부터 전화가 왔다. 추수감사절 특집으로 '감사일기'를 꾸준히 써온 사람을 찾다가 소개받았다며 인터뷰에 응해달라는 부탁이었다. 처음엔 가볍게 응했지만, 막상 해보니 생각보다 준비할 게 많았다. 깊숙이 넣어두었던 일기장을 꺼내 사진도 찍고, 감사일기 중 몇 장을 보내야 해서 지난 기록들을 다시 읽는 시간도 필요했다. 그 과정을 거치며 다시금 느꼈다. 기록은 참으로 위대하다.

잊고 지낸 수많은 옛날 일들이 일기장을 통해 생생히 되살아났다. 어찌 감사한 일만 있었으랴? 눈물 젖은 페이지도, 한숨 섞인 기록도 많았다. 그런데도 놀라운 건, 그 안에서도 빠지지 않는 감사의 고백이 있었다. 힘들고 아픈 순간에도 감사를 선택한 덕분에 살아 낼 수 있었고, 마귀가 삶을 흔들어도 무너지지 않고 믿음으로 이겨낼 수 있었던 것이다. 신혼 시절, 남편은 우리 책상 앞에 이런 문구를 붙였다. "마귀에게 설사약을 먹이자!"

감사하면 마귀가 도망가고, 불평하면 마귀에게 보약을 먹이기에 신이 난다는 말이다. 가난하고 가진 것 없었지만, 늘 감사하며 살았기에 우리 삶은 부족함보다 기쁨과 긍정, 밝음으로 채워졌다. 감사는 하나님이 기뻐하시는 삶이 되었고, 나 자신을 가장 건강하게 지켜 주는 방패가 되었다.

내가 감사일기를 본격적으로 쓰게 된 계기는 약 20년 전이었다. 어느 날 친구의 글을 읽게 되었는데, 몇 편의 글이 진솔하고 감동적이었지만 내용은 유독 어둡고 무거웠다. 이유를 묻자, "힘들고 우울할 때만 글을 써서 그런 것 같다"는 대답이 돌아왔다. 그날, 나도 내 일기장을 펼쳐 보았고, 눈물과 어두움으로 얼룩져 있음에 충격을 받았다. 기쁠 때는 거의 쓰지 않고, 속상할 때만 쓴 탓에 내 일기장은 온통 불만과 눈물로 가득한 '화풀이 노트'가 되어 있었던 것이다.

그날 이후, 나는 방향을 바꿨다. 기도와 감사일기로 바꾸자! 답답하고 아플 때는 마음껏 쓰되, 마지막엔 꼭 시편 기자처럼 믿음의 고백으로 마무리하자! 이 결심은 내 삶에 작지만 강력한 변화를 일으켰다. 감사를 고백하다 보면 어느새 상황을 다르게 해석하게 되고, 다시 일어설 수 있는 힘이 생겼다.

그렇게 쓰기 시작한 감사일기 덕분에 상도 받았다. 아름다운

동행 신문사 주관, '감사 수기 공모전'에 당선되어 남편과 함께 시상식에도 참석했다. 여러 가족도 함께 기뻐하며, 나를 따라 감사일기를 쓰기 시작했다. 감사를 쓰면 감사할 일이 더 많아진다.

감사의 열매와 기쁨을 알게 되고, 10년 전부터 매주 주일, 감사제목을 담아 5만 원씩 감사헌금을 드리기 시작했다. 하나님께 드리는 그 마음이 내 일상을 바꾸고 영혼의 자세를 바꿔 주었다. 기적처럼 날마다 감사가 넘치는 삶이 되었다. 감사는 또 다른 감사를 불러왔다. 다른 사람에게 감사할 대상이 되고, 감사가 내 삶이 된다면 그게 바로 축복이 아니겠는가?

하나님께서 왜 우리에게 '범사에 감사하라'고 명령하셨는지 이제 조금은 안다. 감사는 가장 힘들 때도 선하신 하나님의 뜻을 바라보게 해준다. 독서모임 '마중물'에서 함께 읽은 《평생 감사》(전광 목사)를 통해 매일 '감사 다섯 가지'를 기록하고 서로 응원하며 격려한다. 2020년 11월 14일 시작되었는데 갈수록 감사가 더 깊어지고 커지는 것을 모두가 경험하고 있다.

감사는 해석이고 선택이기에, 문제와 상황 앞에서 믿음의 눈으로 감사를 선택하기 때문이다. 아무리 지독한 문제라도 그 문제 가운데 담겨 있는 하나님의 선하신 뜻을 바라보고 믿음으로 감사를 선택한다면 그 일은 도리어 축복이 된다.

감사는 언제나 행복으로 가는 문을 여는 열쇠다. 이전에 어느

매거진에도 나는 그런 제목으로 감상문을 썼다. '감사는 행복의 문을 여는 열쇠', 그 문을 연 사람만이 안다. 불평은 불행해지는 연습이고, 감사는 행복해지는 연습이라는 것을. 그래서 나는 오늘도, 기꺼이 감사를 선택한다. 감사로, 내 인생은 지금도 꽃을 피우고 있다.

나는 행복한 사람

나는 매일 아침, 감사한 마음으로 하루를 시작한다. 신나는 마음으로 출근하며 스스로 얼마나 행복한 사람인가를 느낀다. 초등학교 5학년 때 담임선생님께서 하신 말씀이 지금도 기억난다. "사람은 자기가 하고 싶은 일을 해야 행복하단다."

그때는 너무도 당연하게 들렸던 말이다. 하지만 어른이 되어 수많은 사람을 만나보니, 그 당연한 말이 현실에서는 얼마나 어려운 일인지 알게 되었다. 원하는 일을 하며 살아가는 사람은 생각보다 많지 않았다. 진로를 선택할 때조차 자신의 재능이나 흥미보다는 부모나 사회의 기대에 따라 결정하는 경우가 많았다.

세상에는 해야 할 일이 참 많다. 하지만 만약, 하고 싶은 일을 하면서도 다른 사람을 행복하게 만들 수 있다면, 나도 행복하고, 누군가에게 기쁨이 되는 일을 할 수 있다면 그것만큼 복된 인생이 있을까? 나는 지금 그런 일을 하고 있다. 그래서 매일 감사하고 기쁨이 넘친다.

나는 사랑이 넘치는 어린이집을 30년 넘게 운영하고 있다. 그동안 우리 어린이집을 졸업한 많은 아이들이 어느새 훌쩍 자라 사회 곳곳에서 빛나는 존재로 살아가고 있다. 우리는 꿈꾸며 기대한다. '우리에게 맡겨진 아이들은 모두가 소중하다. 사랑과 열정으로 세계 속에서 빛날 훌륭한 사람으로 자라나게 하자!' 이 사명을 품고, 나와 함께하는 18명의 교직원들은 오늘도 외친다. "사랑과 열정으로, 아이들의 꿈을 키우는 모두가 행복한 어린이집!"

우리 용신어린이집은 선생님들이 아침마다 기쁜 마음으로 달려오는 곳이다. 서로를 격려하며 사랑이 흐르는 이 공간은 일터이자 또 하나의 가족이다. 아이들은 즐거워서 일찍 오고 싶어 하고, 부모님들은 안심하고 믿고 맡기는 어린이집. 그곳이 우리가 함께 만들어가는 오늘의 모습이다. 나는 매일 벅찬 기대를 안고 기도하며 하루를 시작한다.

어린이집에는 언제나 웃음꽃이 활짝 핀다. 아이들을 꼭 안아주고, 사랑을 듬뿍 전하고, 건강한 먹거리를 준비하고, 다양한 경험을 제공할 수 있도록 늘 고민하고 준비한다. 아이들이 건강하게, 밝고 사랑스럽게 자라는 모습을 지켜보는 것만큼 벅찬 감동은 없다. 교사들은 아이들의 눈망울과 말 한마디를 통해 그 가정의 모습을 비춘다. 그래서 어떻게 도와야 할지 본능적으로 안다. 아이들을 위해 기꺼이 헌신하고, 가정의 기쁨과 슬픔을 함께 나눈다. '시대를 이끌 위대하고 훌륭한 사람을 키우는 일에 사명감을 가지고 임하고 있다.'

우리 어린이집만의 독특한 특징도 있다. 바로 자녀를 많이 낳는 어린이집이다. "형제만큼 멋진 선물이 없어요!" 기회가 있을 때마다 부모님께 그렇게 말씀드린다. 처음에는 고개를 갸우뚱하던 부모님들도 우리의 진심 어린 권면에 마음을 열고, 임신 소식을 전해올 때면 온 교직원이 함께 기뻐한다.

때로, 어려운 가정을 만나면 모두가 한마음으로 기도하고 협력한다. 가정이 얼마나 귀한 곳인지를 일깨워 주며, 함께 최선의 길을 모색한다. 교사들의 평균 연령이 학부모보다 높은 경우가 많다 보니, 인생 선배로서 진심 어린 상담과 조언이 큰 힘이 되기도 한다. 건강하고 자주적이며, 창의적이고 감성이 풍부한 사람으로 키운다. 나도 행복하고 남도 행복하게 하는 좋은 성품으로 키우기 위해 '성품 교육'도 늘 하고 있다. 경청, 순종, 감사, 기쁨, 사랑. 등 교사 스스로가 본이 되고자 애쓰며 서로를 격려한다.

얼마 전엔 교사 한 분이 허리를 다쳐 입원한 일이 있었다. 누가 시키지 않아도 서로 빈자리를 메우며 자연스럽게 협력했다. 선생님이 퇴원하고 집으로 가기 전에 아이들이 보고 싶다고 어린이집에 들렀다. 선생님이 반 아이들을 만나 끌어안고 아이들과 함께

우는데 모두 함께 울었다.

우선 교사들이 함께 사랑으로 하나 되어 일하니 긍정의 에너지가 넘친다. 서로 기뻐하고 감사하며 격려하니 어떤 일이든 넉넉히 해낸다. 좋은 선생님들과 함께 일할 수 있어 얼마나 힘이 되는지 모른다. 더구나 오랫동안 한 가족으로 지내다 보니 서로를 잘 안다. 선생님들의 가정사를 알고 서로 응원한다. 교사 자신뿐만 아니라 교사 가족들과도 연계해서 든든한 지원군이 되어 준다.

출근할 때마다 발걸음도 가볍게 콧노래 부른다. 우리 집 현관에서부터 어린이집까지 딱 500걸음이다. 문을 여는 순간부터 감사를 고백하고, 일과를 마친 후 문을 잠그며 또 감사로 마무리한다. 60대 후반인 내가 앞으로 얼마나 더 오랫동안 이 일을 하게 될지 모르나 하나님께서 허락하시는 그날까지 신나게 하리라.

나는 훌륭한 사람을 길러내는 용신어린이집의 행복한 원장이다. 나는 내게 주어진 이 일을 진심으로 사랑하고 자랑스러워한다. 또다시 인생을 산다 해도 이렇게 살고 싶다. 나는 지금, 하나님이 허락하신 최고의 일을 가장 좋은 사람들과 함께하고 있다. 아이들과 함께 걷는 오늘 하루가 참, 행복하다.

차별 없는 사랑

'열세 살, 초등학교 6학년, 그때 나의 담임선생님이셨던 김 선생님은 아직 생존해 계실까?' 나는 편애가 심한 6학년 담임선생님을 통해 '차별 없는 교사'가 되고 싶다는 꿈을 품게 되었다. 누구도 차별하지 않고 모든 아이를 사랑하는 그런 선생님 말이다. 당시 선생님은 학교에 자주 찾아오는 부모의 자녀에게 유독 따뜻하고 호의적이었다. 반 전체가 벌을 받아도 그 아이들만은 묘한 이유로 벌을 면제받곤 했다. 그런 모습을 지켜보며 나는 상처도 받았고, 마음속에 원망도 품었다.

학교에 찾아오는 어머님은 대개 미인이셨고 깔끔한 옷차림이던 것이 기억난다. 뭔가를 손에 들고 있었고, 복도에서 만난 우리 선생님은 허리를 굽혀 연신 머리를 조아렸다. 나는 왜 그런 모습이 그렇게 눈에 거슬렸는지 모르겠다. 마음속으로 그 친구들을 미워했다. 내가 알기에는 그 친구들은 공부도 진짜 못했고 잘난

체했던 것 같다. 당연히 친하지도 않았다. 그래서 비교하며 피해의식을 가지고 바라보고 판단하며, 친한 친구들과 입을 실룩거리며 싫어했나 보다.

나는 마음씨 좋은 선생님이 되고 싶었다. 하지만, 중학교 3학년 겨울방학 때, 아버지가 돌아가시며 고등학교 진학조차 하지 못했고 꿈은 무너졌다. 안타깝고 슬펐지만 다른 길이 없어 보였다. 하지만 우여곡절 끝에 하나님께서 나를 유아교육 현장으로 인도해주셨다. 검정고시를 거쳐 보육학을 공부했고, 어린이집을 운영하며 어느새 30년이 흘렀다. 돌이켜 보면 그 모든 시간이 기적처럼 아름답고 감사하다.

지금도 내가 지키는 교육 철학은 '차별 없는 사랑'이다. 어떤 아이든, 어떤 가정이든, 어떤 상황이든 사랑으로 바라보려 한다. 가끔 학부모님들이 "우리 아이 조금만 특별히 신경 써 주세요" 하며 선물을 건넬 때도 있었지만, 나는 교사들에게 늘 말했다.

"누구든지, 어떤 이유로든, 차별 없이 사랑해 주세요."

물론 말처럼 쉬운 일은 아니다. 누가 보아도 예쁘고 사랑스러운 아이가 있고, 또 한편으로는 까칠하고, 손이 많이 가는 힘든 아이도 있다. 친구를 도와주는 아이도 있고, 놀이터에서 떼를 쓰고 말썽을 부리는 아이도 있다. 그래도 우리는 편애하지 않기로 다짐했다. 협조를 잘하시는 부모님도, 어린이집 일에 전혀 관심이 없는 부모님도 있지만, 아이만큼은 조건 없이 사랑하며 따뜻하게 품기로 마음먹었다.

25년 전, 늘 자주 찾아와 선물 공세를 하던 한 어머님이 떠오른다. 부유한 가정이었고 어린이집 행사 때마다 많은 도움을 주셨다. 물론 '김영란법' 이전의 일이다. 거절하고 화내도 던져 놓고 가기도 하고, 아예 돌려줄 수 없게 선물 포장지를 다 뜯어서 가져오기도 여러 번 했다. 어쩔 수 없을 때는 감사하며 받긴 했지만, 아이에겐 언제든 편애 없이 똑같은 관심과 애정을 주었다.

1년을 마무리하며 '재롱잔치' 때, 턱시도와 드레스를 입고 첫 인사를 하는 아이는 늘 가장 먼저 원에 등록한 아이였다. 그 어머님은 자기 자녀를 그 자리에 세워 달라고 부탁했지만, 원칙을 설명하고 정중히 거절했다. 키가 커서 무대 중앙보다 양옆이 더 어울린다는 말도 덧붙였다. 처음엔 불쾌해하시며 "참 융통성 없는 분이다" 하셨지만, 시간이 흐른 뒤 "원장님은 진짜 교육자세요" 하고 칭찬하시며 고맙다고 하셨다. 이전에 다니던 곳, 학원 등 어디서든 자기 말을 다 들어줬는데, 원장님은 소견대로 차별하지 않고 대하는 것을 보았다고 말이다.

모든 아이는 존재만으로 존중받을 가치가 있다. 언제나 많이 사랑받아야 하고, 어디서든 차별 없이 성장해야 한다고 나는 믿는다. 아이들은 사랑받은 만큼 사랑할 줄 아는 사람으로 자란다. 교사는 그것을 늘 가까이서 본다. 그리고 아이들은 안다. 자신이 사랑받고 있는지, 누군가와 비교당하고 있는지를. 그렇기에 교사와 부모는 누구보다 공정하고 따뜻해야 한다. 모든 아이는 사랑받을 자격이 있다. 우리가 줄 수 있는 가장 큰 힘은 '차별 없는 사랑'이다.

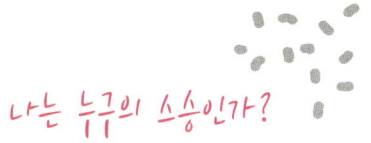

나는 누구의 스승인가?

　내가 교사의 꿈을 꾸도록 도전을 주신 선생님이 계신다. 존경할 만한 분으로서 영향을 주신 것이 아니라, 반면교사로서 '나는 절대로 저런 선생님은 되지 말아야지' 하는 다짐으로 말이다. 나는 나중에 좋은 선생님이 되어서 반 아이들 모두를 똑같이 사랑해 주리라고 다짐하며 교사의 꿈을 가졌다. 그런데 아버지가 일찍 돌아가셔서 진학의 꿈이 무산되어 원하던 초등학교 선생님의 꿈은 이루지 못했다. 하지만 간절한 나의 꿈을 하나님께서 아시고 뒤늦게 공부할 수 있는 기회를 주셨다. 두 아들을 키우며 유아교육을 공부하고, 어린이집 원장으로 일을 시작했다.

　1989년에 어린이집을 시작하여 유아교육 현장에서 30년이 넘도록 어린이집 원장으로 일할 수 있는 은혜를 누리고 있다. 내가 교사로서 지켜 온 원칙 중 하나가 모든 아이를 차별 없이 똑같이 사랑하는 것이다. 때론 너무 무관심하고 협조를 잘 안 하며 힘들게 하는 부모님도 있지만, 그럴지라도 존중하고 마음 다해 섬기려 한다. 어린 시절 받았던 상처로 인해 흔들리지 않는 원칙을 갖게 되었다. 어쩌면 그때 그 친구들은 이런 일을 기억조차 하지 못할 수도 있다. 그때 담임선생님 역시 전혀 생각하지 못할 수도 있다.

나는 가르치는 일이 참 좋다. 무엇보다 보람 있고 가치 있고 중요한 일이라고 생각하기에 잘 해내고 싶다. 평생 좋은 선생으로 살았으면 좋겠다.

모든 사람에게는 많은 선생님이 존재한다. 어떤 선생님을 만나는가는 누구에게나 인생의 획을 그을 만한 특별하고 중요한 만남이다. 선생이 앞선 사람으로 지식을 가르치는 사람이라면 스승은 제자의 인격을 형성시켜 주는 사람이라고 한다.

'존경할 만한 스승님이 계시는가? 찾아뵙고 싶은 선생님이 계시는가? 삶을 통해 모범을 보여주신 선생님은 누군가?' 그런 선생님이 계시다면 마음이 든든할 것 같다. 나도 성장하며 여러 분의 선생님들을 만났다. 특별히 뵙고 싶은 선생님이 두 분 계신다. 지금은 만날 길이 없지만 선생님들께서 주신 가르침과 사랑은 기억하고 간직하고 있다.

나는 누구에게 그러한 선생으로 기억되고 있을까? 진정한 삶의 모범을 보여주고 있을까?

며칠 전 멀리 목포에 사는 큰 며느리에게서 전화가 왔다. "어머님! 제게 좋은 스승이 되어 주셔서 감사드려요! 어머님께서 제 삶에 좋은 모델이 되어 주셔서 저는 행복한 사람입니다." 얼마나 가슴이 벅찬지 속에서 좋은 에너지가 올라왔다. "고맙다. 우리 가정에 시집와서 부모 공경 잘하고, 남편을 잘 도와 세워 주며, 자녀들을 많이 낳아 훌륭하게 양육해 줘서 고맙다." 전화를 끊고도 한동안 행복한 여운이 남아 계속 혼자서 '감사합니다'를 읊조렸다.

어린이집을 운영하며 보람 있던 일이 참 많다. 그중에 가장 기억에 남는 일이 있다. 2011년 4월에 미국에서 전화가 왔다. 23년 전 두 아들을 우리 어린이집에 2년 동안 보내다가 미국으로 이민 가신 어머님이다. 당시 일곱 살, 다섯 살이었던 두 아들이 이제 대학에 들어가고, 고등학생이 되었는데, 믿음 안에서 반듯하게 잘 자랐다고 한다. 용신어린이집에서 훌륭한 선생님들께 잘 양육받은 덕분이라며 고마워서 인터넷으로 연락처를 찾아서 전화하신 것이다.

그로부터 5년 후 2016년 5월 스승의 날 즈음하여 큰아들 재현이와 함께 어린이집을 찾아오셨다. 듬직하게 잘 자란 아들은 선교사로 헌신하여 신학을 공부하는 중이라고 한다. 오랜 세월이 지났기에 어린 시절이 기억이나 날까 하고 물었더니 어린이집에서 써 준 관찰일기를 보며 그때 지냈던 일과와 친구들 이름까지 기억한단다. 재현이는 올 6월에 결혼한다. 미국이라 갈 순 없지만 축하하며 축의금도 보내려고 한다. 내게 힘을 주고 다시금 이 일을 열심히 할 수 있는 동력이 되었다.

    선생으로 사는 삶이 때론 버겁고 부담도 된다. 하지만 아이들에게 좋은 영향을 주고 사랑을 마음껏 줄 수 있는 소중한 일이기에 나는 평생 좋은 선생으로 살고 싶다. 우리 어린이집을 거쳐 간 수많은 아이들을 떠올려 보며, 나는 누구의 진정한 스승인지 생각해 본다.

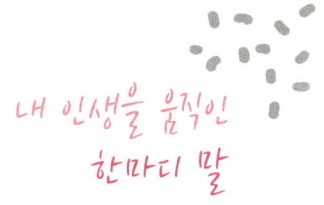

내 인생을 움직인
한마디 말

    1985년 12월 어느 날, '창훈대 음악학원'을 운영하는 원장님이 우리 집에 찾아오셨다. 피아노 기초 단계인 '바이엘 과정 강사'로 일해 달라는 제안을 하러 오신 것이다. 당시 남편은 수원 연무동에 위치한 '창훈대교회' 교육전도사로 사역하며 우린 교회 사택에 살고 있었다. 나는 성가대에서 섬기며 파트 연습할 때 서툰 솜씨로 찬송가 반주를 간신히 하는 정도였다. 나는 피아노를 전공하지도 않았고, 능숙하게 치지도 못했기에 정중히 사양했다.

    하지만 그때 원장님의 말 한마디가 내 마음 깊은 곳을 울렸다. 원장님은 성악을 전공하고, 솔리스트로 찬양하던 분이었다. "열을 알고도 하나를 가르치는 사람이 있는가 하면 하나를 알고 열을 가르치는 사람이 있는데, 사모님은 하나를 알지만 열을 가르치는 사람이에요"라고 하셨다.

    격려해 주신 그 한마디에 용기를 내어 "해보겠습니다"라고 대답했지만 걱정되었다. 원장님은 "중급반 이상은 피아노 전공자가 맡고, 기초 단계는 사모님도 충분히 할 수 있어요" 하며 격려해 주셨다. 그날부터 한 달 동안 추운 교육관에 들어가 피아노로 바이엘 교본을 반복해서 연습했다. 드디어 1986년 1월 5일 첫 출근을 했다. 두 아들은 막 여섯 살, 네 살이 되었기에 엄마의 손길이 필요했다. 하지만 다행히 집이 음악학원에서 가까워 시간이 날 때마다 집에 달려와 아이들을 돌보며 챙길 수 있어 가능했다.

내가 맡은 아이들은 총 11명인데 대부분이 초등학생이었다. 교회 주일학교에서 낯익은 아이들이라 가르치기가 그리 어렵지 않았다. 열정을 가지고 최선을 다해서 아이들을 가르쳤다. 그런데 어느 날 갑자기 두 명이 그만둔다고 하니 마음이 무거웠다. 혹시 내가 부족했나 싶어 원장님께 죄송하고 부담이 컸다. '하나님께서 요셉을 통해 보디발의 집에 복을 주신 것처럼 저를 통해 이 음악학원이 잘 되고 번성케 해달라'고 날마다 기도하며 열심히 가르쳤다.

하나님께서 기도를 들으시고 내가 감당하기에 벅차도록 아이들을 많이 보내 주셨다. 원장님이 조용히 부르셔서 다른 교사들에겐 말하지 말라고 하시며 월급을 올려 주셨다. 나는 남편이 받았던 교육전도사 사례비보다 더 많은 급여를 받게 되었다. 추가로 얻은 급여를 이웃과 나누고 싶어 남편과 상의한 뒤 주변에 어려운 몇 가정을 선정하여 우유 값을 매달 지원하게 되었다.

그렇게 2년간 음악학원에 다니며 피아노 강사를 하던 중에 1988년 1월, 현재의 용신교회를 개척하면서 안산으로 이사하게 되었다. 교회 개척하고 당장 월세와 생활비를 감당하기가 어려워 수원으로 출퇴근하며 계속 일했다. 음악학원이 집 가까이 있을 때는 틈틈이 집으로 오가며 어린 두 아들을 키우는 데 큰 어려움이 없었다. 하지만 안산에서 수원까지 시내버스로 한 시간 거리를 다니다 보니 아침에 출근하면 저녁에야 퇴근해 자녀들을 돌보는 데 한계가 왔다. 남편과 상의하여 결국 1년간 더 일하다가 만 3년이 되어 마무리를 잘했다.

3년간의 피아노 학원 강사 일은 내게 소중한 경험이었다. 한 번도 생각해 보지 않은 일이었으나 원장님의 그 한마디가 나를 일깨워 세웠기에 일을 시작할 수 있었다. 그리고 나는 힘들 때마다 나의 정체성, 곧 '하나를 알지만 열을 가르칠 수 있는 사람'임을 떠올리며 열과 성을 다해 임할 수 있었고, 그 열매를 충분히 보았다.

내 인생을 움직인 그 말 한마디를 생각하며, 나는 누굴 일깨우고 세워 주고 지지해 주었는지 돌아본다. 혹시 나 때문에 쓰러진 사람은 없었는가? 나의 말은 사람을 살리는가, 아니면 무너지게 하는가? 의식하지 못하는 중에 사람을 아프게 하고 병들게 한

적은 없었는가? 나는 누구에게 어떤 말로 가슴에 불을 지폈는가? 내 입에서 나간 말들이 사람들의 마음밭에 떨어져 어떤 씨앗이 되어 무슨 열매를 맺고 있는가?

내가 음악학원 원장님에게서 들었던 그 한마디로 할 수 있다는 힘을 얻고 용기를 내어 새로운 길을 걸어왔다. 40년이 지난 오늘까지 그 말은 내 마음에 콕 박혀서 지금도 내 속에 열정을 불러일으키고 있다. 나도 누군가의 가슴에 불을 당기는 사람이 되게 해 달라고, 내 입술이 진실로 사람을 살리는 도구가 되기를 간절히 기도한다.

퇴근하여 집에 돌아와 가방을 내려놓는 나에게 남편이 말을 건넨다.

"여보! 오늘 하루 종일 혼자 있으면서 우리가 결혼하기 전에 자기가 써 놓은 노트를 읽었어."

"그래요? 나도 까맣게 잊고 있었는데 어디 있었대요?"

"저기, 책장에 있더라고. 그때는 자기가 '갑'이었는데" 하며 웃는다.

그랬다. 그때는 정말 내가 '갑'이었다. 그렇다면 지금은 '을'이 되었다는 것인가?

1979년, 스물네 살이던 나는 모교회인 우촌교회를 열정적으로 섬기며 인생의 황금기를 보내고 있었다. 하나님의 사랑을 알고 신학을 공부한 뒤 처녀 집사로서 구역장, 청년회 회장으로 섬겼고,

주일학교와 중고등부, 성가대까지 두루 사역하며 맘껏 기쁨을 누렸다. 담임목사님과 성도들의 사랑을 듬뿍 받으며 꿈같은 청년 시절을 보냈다. 직장은 지금의 LG그룹 계열사인 금성이었다. 품질관리 부서에서 일하며 윗분들의 신임을 받았고, 신입사원들에게 강의도 하며, 어느 부서에서든 웃음과 긍정으로 가득한 사람이었다.

그 무렵, 지금의 남편은 4년 차 군 복무 중인 중사였다. 편지 쓰기를 좋아하던 내게 친구가 사촌오빠에게 위문편지를 보내 달라고 부탁해 왔다. 국군 아저씨께 위문편지 보내는 마음으로 펜팔을 시작했다. 편지는 일주일에 한 번 정도 신앙 이야기와 군 생활 이야기 등 그저 편안하게 일상적인 이야기로 이어졌다.

그러던 중, 1980년 1월 10일, 느닷없이 도착한 소포 하나가 내 마음을 흔들었다. 열어보니 결혼하자는 청혼 편지와 성경책이 들어 있었다. 깜짝 놀라고 당황한 나는 편지 보내기를 중단했다. 나중에 알게 된 사실인데, 남편이 군목 목사님께 편지를 보여 줬더니 목사님이 진지하게 청혼하라며 격려했다는 것이다.

그는 나보다 두 살 많은 성실한 청년이었다. 군종 사병으로 군인교회를 섬기는 신실한 믿음의 사람이었다. 외모도 준수했고, 가족과 친지들을 만나 보니 인상 좋고 선량해 보였다. 군목 목사님과 장병들이 찾아와 "진짜 믿을 만한 사람이니 결혼하면 후회하지 않는다"고 권면했지만, 한 번도 결혼 대상자로 생각해 보지 않왔기에 계속 편지하는 것도 부담이 되었다. 내 의도와 상관없이 그는 매일 편지를 보내왔다. 그림을 잘 그리는 재능이 있어 편지에 정성껏 그림도 그려서 보내 주었다. 하지만 나는 거의 읽어 보지도 않고 편지 상자에 던져 넣었다.

배우자를 놓고 기도하던 4월 첫째 주일 밤, 나는 청년회 회장으로 헌신예배 사회를 맡고 있었다. 앞자리에 앉아 말씀을 듣고 있을 때, 강사 목사님께서 "내 은혜가 네게 족하도다"(고린도후서 12:9)는 말씀을 전하시며, 내 눈을 똑바로 보시고 "그가 네게 족한 사람이다"라는 강력한 말씀을 주셨다. 많이 놀랐지만 그 한 말씀만 붙잡고 순종하기로 결단했다. 막상 결혼하기로 결정하고 교제를 시작하니 이것저것 걸리는 것이 많았다. 함께하는 시간 속에서 내 마음에 들지 않는 어떤 상황을 만나면 종종 이렇게 항변했다. "정말 이 사람이 제게 족한 사람인가요?" 하는 원망을 하며 눈물을 흘리곤 했다.

결혼을 앞두고 교제하며 그는 늘 내 눈치를 살폈다. 언제나 내 기분에 맞춰 주려고 애썼고 나는 그것을 당연하게 여겼다. 5월 말에 제대하고 서울에 부모님과 살면서도 외사촌 동생인 내 친구 집이 바로 우리 집 옆이라 매일 왔다. 매일 만나 대화하며 알아가니 그의 순수함과 진실함에 매료되었다. 우린 그해 10월 9일 스물일곱과 스물다섯의 나이로 결혼했다. 세상 물정 전혀 모르고, 결혼생활이 뭔지, 살림살이는 어떻게 꾸리는 건지, 아이는 어떻게 낳아 키우는지, 아무것도 모르고 시작된 결혼생활이다.

결혼생활은 순탄치 않았다. 좌충우돌, 치열하게 다투기도 하고 실수도 많았다. 밥도 제대로 지을 줄 몰라 허둥대던 나를 남편은 존중하며 함께해 주었다. 아무것도 모르던 나는 한동안 '갑'인 줄 착각하고 살았다. 그러던 중, 성경적 원리를 배우고 적용하면서 하나님께서는 남편을 아내의 머리로(고린도전서 11:3) 세워 주셨음을 깨달았다. 그리고 하나님께서 창조하신 첫 사람, 아담이 혼자 있는 것이 좋지 않아 돕는 배필로 여자를 지으셨음을 받아들이게 되었다. "여호와 하나님이 이르시되 사람이 혼자 사는 것이 좋지 아니하니 내가 그를 위하여 돕는 배필을 지으리라 하시니라"(창세기 2:18).

결혼생활 45년 차, 얼마나 많은 변화가 우리에게 있었을까? 그런데 언제부터인지 모르게 아주 자연스럽게 내가 주도하는 가정이 아닌 남편이 이끄는 가정이 되면서 어느새 남편이 '갑'이 되었다. 무리수 없이 말이다. 나는 우리 부부 사이에서 내가 '을'이 되어 편하다. 기꺼이 '을'이 되어 살기로 했다.

결혼생활 45년 돌아보며 하나님께 조용히 여쭙는다. "맞습니다! 주님, 그는 제게 족한 사람입니다. 그런데 저는 그에게 족한 사람입니까?" 남편에게 족한 아내로 살기 위해 노력하는 중이다. 나는 항상 변화와 성장을 추구하는 사람이다. 남편은 내가 계속해서 성장할 수 있도록 많은 기회를 주고, 적극적인 응원으로 지지해 준다. 오늘의 내가 된 것은 하나님의 은혜이고, 나의 '갑'인 남편의 사랑 덕분이다. 이제 나는 감사하며 사랑으로 기꺼이 '을'이 되기로 했다. 나는 행복한 '을'이다.

운전면허, 28전 29기 도전기

나는 운전할 때마다 스스로 감동한다! 누군가에겐 평범한 일이지만, 나에겐 대단한 기적이다. 마흔이 되던 해, 운전이 꼭 필요하다고 생각하던 어느 날, 드디어 도전했다. 필기시험에 합격하고 운전 연습을 시작했다. 그 당시 함께 사역했던 부목사님이 말했다.
"사모님, 운전은 정말 쉬워요. 제가 도와드릴게요. 운전학원 안 다녀도 돼요."

그 말을 믿고 학원비로 따로 준비한 20만 원을 감사헌금으로 드렸다. 넓은 공터에서 운전 연습하며 한 걸음씩 나아갔다. 그리고 어느 정도 운전 기술을 익혀서 시험장에 갔을 때가 1996년 새봄, 면허 시험장 앞산에 진달래가 피고 새순이 돋던 때였다. 손발이 덜덜 떨려서 클러치도, 브레이크도 제대로 밟히지 않았다. 당연히 떨어졌다. 그렇게 시작해 무려 28번 떨어졌다. 시험 인지대 스티커가 28개 다닥다닥 붙은 것이 증거로 남아 있다.

계절이 한 바퀴 돌았다. 앞산의 진달래는 지고, 녹음 짙은 여름도 왔다가 가을 단풍이 곱게 물들더니 결국은 하얀 눈이 내리는 겨울이 되었다. 마침내 1년이 지나 필기시험과 적성 검사 유효 기간이 지나 버렸다. 학원비 20만 원을 아끼겠다고 학원에 등록도 못 하고, 인지대 값만 6,000원씩 28회, 168,000원이 들었다. 비공식 교습비 20,000원씩 두 번 받아서 40,000원까지 도합 208,000원이 들어가고 아무 소득도 없이 끝나니 '떨어진 경력'만 남았다.

시험장에 가는 길마다 간절히 기도했지만, 시험장이 곧 운전연습장이니 합격할 리가 만무하다. 지난주에 굴절에서 떨어지면 이번 주엔 S자나 후진에서 떨어졌다. 주행 한번 못 가보고 코스에서 다 떨어지고 온다. 함께 시험 보던 낯익은 사람들이 하나둘 다 합격해서 나가는데 오직 나만 거기 머물러 있었다.

한동안 운전면허 도전을 내려놓았다. 그러나 운전면허의 꿈을 아주 버린 것은 아니다. 2000년 9월, 정식으로 학원에 등록해서 다시 시도했다. 한 달도 안 되어서 필기, 코스, 주행, 단번에 다 합격했다. 물론 그동안 학원비는 많이 올라서 70만 원 들었지만 그만한 가치는 충분했다. 문제는 그 다음이다. 운전면허는 땄지만 겁이 많고 놀라기를 잘하니까 좀처럼 운전대를 잡을 수가 없었다.

2년 동안 면허증만 지갑에 품고 살다가 마침내 운전 연수를 받고 드디어 운전하고 있다! 그렇게 운전한 지 어느새 20년이 되었지만, 아직도 후진과 주차는 여전히 어렵다. 낯선 길은 자신이 없어 가지 못한다. 가까운 시내에 나가도 까다로운 주차장에 세울 엄두를 못 내서 멀리 떨어진 넓은 곳에 엉성하게 세워두고 걷는다. 그래도 아무튼 나는 자랑스러운 면허증이 있고 운전할 수 있다. 여전히 서툴러서 차 열쇠를 문 밖에 꽂고 두고 들어가서 찾기도 한다. 창문도 안 열고 고속도로 요금을 내려고 하다가 창문에 머리를 쾅 부딪치기도 한다. 주일학교 학생이 "누구나 그럴 수 있어요"라는 말에 위로받기도 했다.

　운전해 보니 운전자의 마음이 들어온다. 길가에 애매하게 주차된 차를 만나면 '앞으로 주차할 때 신중하게 해야지', 방향지시등(깜빡이)을 켜지 않고 앞으로 끼어드는 운전자를 보면 '깜빡이 켜고 천천히 돌아야겠다'는 생각이 든다. 신호 대기하다가 신호가 바뀌면 출발하려고 준비하는데 뒤에서 1초도 기다리지 못하고 클랙슨을 계속 누르는 운전자를 만나면 '앞에 있는 차가 조금 늦게 출발하더라도 느긋하게 기다려 주자' 이렇게 생각을 바꾸니 편해진다. 조금이라도 빨리 가려고 종횡무진 차선을 바꿔 가며 달리는 차를 보면 '빨리 간다고 선착하는 것이 아니니 여유를 갖고 즐기면서 운전하자' 스스로에게 말한다.

　세월이 흘러 이제 서서히 좋은 운전자가 되어가고 있다. 운전하니 좋은 점이 많다. 아주 즐기는 편은 아니지만, 그래도 꼭 가야 할 때 누구에게 사정하지 않고 내 손으로 운전하여 갈 수 있는 것이 즐겁다. 무엇보다 운전하고 싶은 꿈을 이루어서 좋다. 앞으로도 나는 건강과 여건이 허락하는 대로 운전하리라. 도로 위에 무법자가 아닌, 법을 지키고 양보하며 배려하는 '따뜻한 운전자로 살아가고 싶다. 그리고 나처럼 늦더라도 여러 번 넘어지더라도 다시 일어날 용기를 낼 누군가에게 이 말 한마디를 전하고 싶다.

"괜찮아요. 누구나 그럴 수 있어요."

하루 만보, 건강 만 배

"원장님! 정말 잘 걸으시네요. 그 연세에 그런 자세라니, 대단하세요." 함께 걷는 어린이집 원장님들의 진심 어린 칭찬에 절로 어깨가 펴졌다. 최근 안산시 공공형 어린이집 원장님들과 함께 1박 2일로 연수를 다녀왔다. 장소는 안면도 '나문재관광농원', 섬 속의 섬이라 불릴 만큼 사면이 바다로 둘러싸인 이곳엔 잘 정비된 산책로와 유럽풍 공원이 있었다. 형형색색 꽃 향기가 진동하고, 바닷바람이 살랑살랑 볼을 스친다. 눈, 귀, 코는 물론 마음까지 정화되는 기분이었다. 걷고 있다는 사실만으로도 창조주의 특별한 선물이 느껴졌다.

작년에 부부의 날, 둘째 아들 내외가 우리 부부에게 만보기를 선물했다. 며칠 전 남편의 뱃살을 보며 기도하던 중 이 만보기가 생각났다. 만보기 사려고 검색해 보니 종류가 얼마나 많은지 결정하기 어려웠다. 물건을 잘 보는 며느리에게 찾아봐 달라고 부탁했더니 내가 결재하기도 전에 벌써 주문해 다음날 새벽 배송으로 도착했다.

우리가 받은 제품은 '갤럭시 핏2'로 시계처럼 손목에 착용하는데 디자인도 깔끔하고 예쁜 것이 마음에 쏙 든다. 우선 다양한 기능에 놀랐다. 정확한 현재 시간이 큼직하게 잘 보여서 좋다. 얼마나 걸었는지 실시간 걸음 수가 기록되니 관리하기가 쉽다. 심장 박동 수도 알려준다. 몇 시간을 잤는지, 얼마나 질 좋은 수면을 했는지 알 수 있다. 운동 기록도 된다. 걷기·달리기·수영·자전거 등 몇 시간 운동했으며, 칼로리가 얼마나 쓰였는지 계산된다. 스트레스는 어느 정도인지도 체크할 수 있다. 날씨도 나오고 내 핸드폰과 연동되기에 전화가 오는 것도 알 수 있다. 전화기를 두고 다른 일을 해도 놓치지 않으니 좋다.

의도적으로 만 보를 걷고자 하니 어렵지 않게 거뜬히 해낼 수 있어 좋다. 남편도 관심을 보이며 어떻게든 달성하려고 열심히 걷는다. 특별한 운동기구가 없어도 언제 어디서나 마음만 먹으면 할 수 있는 운동이 걷기다. 하루에 만 보를 걷는 것은 건강관리하는 데 좋은 수단이다. 만 보 걷기의 효과를 찾아보니 가히 만병통치약 수준이다. 뇌를 자극해 건망증을 예방하고, 심장마비를 줄이며, 삶의 의욕을 높인다. 폐기능 향상, 비만과 요통치료, 고혈압 조절, 스트레스 해소까지 다양하다. 이런 효과가 있는데 안 걸을 수 있나?

걷는 것 자체가 축복이자 능력이다. 우리 삶의 최우선순위는 건강이다. 누구라도 다 아는 진리다. 건강관리를 위해 균형 잡힌 음식 섭취와 질 좋은 수면, 스트레스 조절과 운동이 필수다. 운동 중에도 단연코 걷기를 추천한다. 의사들은 살기 위해 '일단 걸으라!'고 권면한다. 우리에게 걸을 수 있는 튼튼한 두 다리가 있다는 것이 얼마나 멋진가? 내가 살고 있는 지역은 걷기 좋은 산책로가 많아서 마음만 먹으면 언제든지 걸을 수 있다. 요즘처럼 신록이 우거진 때는 걷는 것이 몸에 좋은 보약 같다. 만보기를 선물받았으니 더 열심히 걷게 된다.

걷기에는 자세와 속도가 중요하다. 어깨를 활짝 펴고 등을 곧게 세우고 큰 폭으로 빠르게 걷는 것이 가장 이상적이다. 빨리 걸으면 수명도 늘어나고 치매도 예방할 수 있다. 걷는 속도에 따라 수명이 최대 20년 차이가 난다는 연구 결과가 최근 발표됐다. 영국 레스터대학교 연구팀이 보행 속도와 유전학의 연관성에 대해 분석한 결과, 걷는 속도가 시간당 4마일(약 6.4km) 이상인 사람들은 더 건강한 세포를 가지고 있는 것으로 나타났다. 특히 빠르게 걷는 사람과 느린 사람의 세포 건강은 16년까지 차이가 났다. 이 논문은 걷는 습관에 따라 빨리 걷는 사람과 늦게 걷는 사람의 수명이 최대 20년은 차이가 날 수 있다고 분석했다.

운동생리학적으로 빨리 걷기와 천천히 걷기의 차이는 명확하다. 운동 효과가 있느냐, 없느냐의 차이다. 천천히 걸으면 운동으로써 효과는 낮다. 걷는 속도도 중요하지만 걷는 강도도 중요하다. 어느 수준 이상으로 걸어서 체온이 상승하고 호르몬에도 변화를 일으키는 등 유의미한 체내 생리적 반응이 일어나야만 건강 증진으로 이어진다. 운동 효과를 얻기 위한 걷기에 일반적인 기준도 있다. 보통 1일 권장 걸음수가 1만 보다. 1만 보면 보폭에 따라 8km에서 9.5km다. 빠르게 한 번에 걸으면 1시간 20분에서 1시간 30분이 걸리는 거리로 상당한 운동량이다.

큰 보폭으로 빠르게 걷되 바른 자세로 걷는 것이 중요하다. 날마다 의식을 갖고 걷다 보니 어느새 습관이 되고 좋은 자세가 몸에 붙었다. 나도 느끼고 남도 알아본다. 날마다 만 보 걷기를 실천하여 함께 행복하고 건강한 노년을 맞이하게 되길 기대한다. 그동안 걷기 운동을 잘 하지 않던 남편이 해 보려고 애쓰는 모습이 보인다. 때에 맞게 만보기를 사준 아들 내외의 배려가 고맙다. 두 발로 똑바로 설 수 있도록 창조해 주신 하나님의 섭리도 감사하다. 우리 몸에 가장 좋은 운동이자, 가장 손쉬운 건강법이 걷기라면, 오늘부터라도 함께 걸어보면 어떨까? 건강이 따라오고, 기분 전환도 된다. 그리고 무엇보다 감사가 따라오니까.

퍼낼수록 깊어지는
마중물 독서모임

　2012년 3월, 나는 '아시아코치센터'에서 아주 특별한 분 '마중물님'을 만났다. 이 만남은 내 인생에 방향을 바꾸어 주고 나와 우리 가정에 많은 변화를 주었다. 마중물 팀장님은 자신의 별칭대로 '물을 끌어올리기 위해 펌프에 물을 붓듯이 사람들의 잠재력을 끌어올리는 일'을 한다. 글을 쓰고 책을 쓰도록 돕는 코치이자, 책을 편집하고 출판하는 일을 하는 기록문화 대표님이다.

　마중물님은 2013년 국민일보에 칼럼을 연재했는데, 그중에 우리 가정 '대가족' 이야기를 쓴 적이 있다. 이를 계기로 우리 가족 이야기는 TV에 여러 번 방송되는 기회를 가졌다. 무엇보다 내가 책을 쓸 수 있도록 지속적인 격려와 지원을 아끼지 않았다.

　그해 나는 그분의 초대로 '마중물 독서모임에' 참여하게 되었다. 코로나 이전까지 매월 둘째 화요일, 서울 합정역 부근에 있는 '기록문화 사무실'에서 만났다. 40대부터 60대까지 다양한 연령의 크리스천들이 함께 모여 책을 읽고, 발제자가 이끄는 질문을 중심으로 깊은 나눔을 이어간다. 이 모임의 첫 질문은 언제나 같다. "한 달 동안 어떻게 지내셨어요?" 우리는 서로의 이야기를 들으며 점점 더 따뜻한 공동체가 되어간다.

혼자서는 읽기 어려운 책도 함께 읽으면 어렵지 않다. 읽는 책의 장르도 다양하다. 같은 책을 읽고도 각자의 시선으로 해석해 내는 지혜와 통찰력에 감탄할 때가 많다. 미처 보지 못했던 관점에서 깨달음을 얻고, 내 생각을 조심스레 내어놓는 그 순간들. 책을 읽는 것만큼 사람을 읽는 기쁨도 크다. 헨리 데이비드 소로우는 "독서는 인간이 할 수 있는 가장 큰 즐거움이다"라고 했던가. 우리는 끈끈한 정으로 이어져 서로의 삶을 지지한다.

10년이 넘도록 모임을 꾸준하게 변함없이 지속할 수 있었던 것은 누군가의 헌신이 필요하다. 이 모임 역시 '마중물' 팀장님의 헌신이 있기에 가능하다. 팀장님 덕분으로 우리 멤버들은 좋은 책을 만나고 공부하고 믿음을 더욱 돈독히 할 수 있어 감사하다. 책에 대한 통찰력도 뛰어나 우리가 제대로 해석하지 못하고 방황하는 문제도 명쾌하고 명료하게 정리해 준다. 우리 회원들은 돌아가며 발제자로 순서를 맡고 책을 선정하고 읽고 나눈다. 매달, 어떤 배움과 나눔이 있을까 기대가 된다!

책을 통해 퍼 올리는 생각과 감정이 마치 마중물처럼 각자의 삶으로 흘러간다. 코로나 시기를 지나며 우린 ZOOM으로 모이고 있다. 그리고 1년에 몇 차례는 야외에서 모여 식사하고, 연말에는 선물도 나누는 특별한 시간을 가진다. 무엇보다 우리 공동체에 큰 변화를 가져온 건,《평생감사》라는 책이었다.

그 책을 함께 읽고 2020년 11월부터 지금까지 매일 감사일기를 독서모임 단톡방에 올리고 있다. 밤 8시가 되면 누군가는 오늘의 감사를 올리고, 그에 대한 따뜻한 격려와 공감의 댓글이 이어진다. 이 감사의 나눔은 우리 공동체를 감사 가족으로 만들었다.

이 모임은 나에게 매달 새로운 도전을 안겨 준다. 책 선정은 돌아가면서 하는데 발제자가 네 권의 책을 추천하고, 그중에서 멤버들이 투표해 한 권을 정한다. 어떤 책을 만나게 될지, 어떤 나눔이 이어질지 늘 기대가 된다. 책 읽기는 내 생각을 키우고, 나눔은 내 마음을 자라게 한다. 무엇보다 좋은 사람들과 함께 읽는다는 것, 그 자체가 큰 선물이다.

독서모임은 우리 공동체를 치유와 회복과 성장과 변화로 이끌어 준다. 이곳에선 누구라도 지지와 공감을 받고, 좋은 해법을 찾아가고, 함께 기도하며 응원하고 격려한다. 진솔한 나눔 덕분에 서로에게 얼마나 좋은 가족 됨을 경험하는지 모른다. 언제까지나 이 모임이 계속되기를 소망한다. 오늘도 나는 새로운 생각을 퍼 올리고, 더 깊은 나눔을 꿈꾼다.

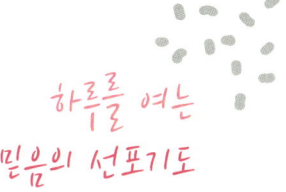

하루를 여는 믿음의 선포기도

하루의 시작은 방향을 정하는 나침반과 같다. 나는 매일 아침, 믿음과 감사의 말로 하루를 연다. 이 선포기도는 나의 정체성이며, 신앙의 고백이고, 삶을 인도하는 하나님의 길잡이다. 아래는 내가 매일 새벽마다 고백하는 선포기도다. 이 기도문이 누군가의 하루를 밝히는 빛이 되기를 기도한다.

"나는 아침빛같이 뚜렷하고, 달같이 아름답고, 해같이 맑으며, 깃발을 세운 군대같이 당당한 사람입니다. 나는 예수 그리스도를 섬기는 자로, 하나님을 기쁘시게 하고 사람들에게도 칭찬받는 삶을 살아갑니다. 나는 전능하신 하나님, 무소 부재하시며 무소불능하신 하나님, 신실하시고 응답하시는 하나님, 나의 아버지 되시는 하나님께 속한 사랑받는 자녀입니다.

나는 예수 그리스도의 십자가로 구원받은 사람이며 그리스도와 함께 죽고, 함께 다시 살아난 사람입니다. 예수님은 나의 주인이십니다. 성령님이 내 안에 내주하시며 나를 다스리시고 인도하시기에 나는 늘 기쁨과 감사로 살아가며 순종하는 사람입니다. 나는 하나님이 주신 사명을 따라, 가정을 세우고, 교회를 섬기고, 다음 세대를 양육하며, 복음을 전하고 사랑을 흘려보내는 삶을 삽니다. 나는 기도하는 아내요, 믿음의 어머니이며, 아이들을 따뜻하게 품는 원장이며, 세상에 선한 영향력을 끼치는 사람입니다.

나는 오늘도 하나님의 은혜로 말미암아 건강한 몸과 맑은 정신을 가지고 깨어 일어납니다. 내 몸의 각 기관은 온전히 작동하며, 뇌는 명철하며, 눈은 밝고, 귀는 열려 있습니다. 내 입은 선한 말을 하고, 귀는 진실을 듣고, 눈은 하나님의 기이한 법을 바라봅니다.

내 심장은 힘차게 뛰고, 혈액은 깨끗하며, 장기들은 제 기능을 잘 감당하고, 모든 근육과 관절은 유연하며 강건합니다. 나는 건강합니다. 나는 평안합니다. 나는 주님 안에서 기쁨이 넘칩니다. 나는 내게 맡겨진 모든 일을 잘 감당할 수 있는 지혜와 능력을 받았고, 오늘도 성실하고 정직하게, 사랑으로 하루를 살아갑니다.

나는 내가 속한 공동체를 위해 기도하며, 믿음의 길을 걷는 이들을 격려하고 세우는 자입니다. 나는 하나님께서 쓰시는 선한 도구이며, 세상을 밝히는 아침해처럼 주님의 빛을 비추는 열정의 사람입니다.

주님, 오늘 하루도 제 삶을 주님께 올려드립니다. 제 발걸음을 인도하시고, 제 입술에 찬양이 머물게 하시며, 모든 일에 하나님의 뜻이 이루어지게 하소서. 이 모든 말씀을 예수님의 이름으로 기도드립니다. 아멘.

2장

마음 엄마,
사랑으로 품다

어린이집 선택, 그보다 더 중요한 것
듣지 못해도 사랑으로 키운다
우리 아이 금손 만들기
깜짝 놀랄 반전 이야기
엄마는 나만 바라봐
부모의 좋은 삶이 최고의 교과서다
엄마, 그때 생각나?
참고 살 길 잘했어
행복한 부부 건강한 자녀
우리 엄마는 선생님이 되었어
두고 보기에도 아까운 사람

어린이집 선택보다 더 중요한 것

지역 맘 카페에 올라온 글이다.

"둘째를 내년 1월에 출산하기 때문에 지금 20개월 된 첫째를 12월부터 어린이집에 보내려고 해요. 마음 같아서는 세 돌까진 제가 데리고 있으려 했는데, 두 아들을 화내지 않고 잘 키울 자신이 없어서요. 이리저리 어린이집을 알아보고 있어요. 정말 고민되는데 추천 좀 해주세요."

이 글에 대한 댓글이 쏟아진다.

"가까운 데가 최고죠."

"저는 먹는 것 가지고 장난치는 곳이 제일 싫어요."

"상담하러 가서 교사들 표정 보면 대충 알아볼 수 있어요."

"찾아가서 직접 부딪쳐 보세요."

"저는 시설이 깨끗하고 안전한 것이 중요해요."

자녀를 어린이집에 보낼 때 어머님들이 흔히 많이 하는 고민이 있다. 거리는 가까운지, 환경은 안전하고 쾌적한지, 먹거리는 영양가 높고 위생적인지를 따진다. 또 원장 마인드와 교육철학은 어떤지, 맡게 될 선생님은 좋은 분인지, 비용은 얼마나 드는지도 고민한다. 특별활동은 또 어떤 것이 있는지, 시설은 괜찮은지, 아이들이 맘껏 뛰어놀 수 있는 곳인지, 어린이집 주변 환경은 안전한지 등 알아보고 비교해서 신중하게 선택한다.

나는 오랫동안 어린이집을 운영하며 다양한 부모들을 만났다. 학부모는 입학 상담 시 궁금한 사항들을 빼곡히 적어 와서 질문한다. 한번 결정하기가 쉽지 않기에 꼼꼼히 따져 보는 것은 중요하다. 물론 다 중요하지만 가장 중요한 것은 결국 사람이다. 원장의 운영 철학과 어떤 선생님을 만나는가에 좌우된다.

아이들에게 눈빛, 표정, 말투, 스킨십 등 직접적인 영향을 주는 사람이 바로 담임이다. 그 담임선생님을 채용하고 영향을 주는 사람이 원장이기에 놓칠 수 없는 부분이다. 담임선생님의 성품과 성향에 따라 반 분위기와 아이들이 달라지는 것을 본다.

교사는 많은 시간 아이와 함께 있으며 일선에서 만나기에 지대한 영향을 준다. 따뜻한 성품을 갖고 성실하고 책임감 있게 아이들을 사랑으로 품고 안으시는 선생님이 좋다. 좋은 환경이나 교재 등 꼼꼼히 보아야 하지만, 역시 가장 큰 역할을 차지하는 것은 교사라고 할 수 있다.

교사들이 편안해야 반 분위기가 밝으며, 아이들도 덩달아 행복하다. 무엇보다 이 일을 좋아하고 아이들을 사랑하고 이해하며 즐겁게 어울릴 줄 아는 교사가 좋다. 학위나 경력도 중요하나 성품이 좋아야 한다. 초심을 잃지 않고 책임감 있게 아이를 돌보는 선생님이 한 반의 분위기를 따뜻하게 만들고, 자연스럽게 학부모들이 신뢰한다.

반면에 부모와 교사 사이에 진심 어린 소통이 이루어지지 않는다면 불필요한 오해와 갈등이 생기기 쉽다. 진심을 알아주고 존중해 주는 부모님과 함께할 때 교사도 더 큰 보람을 느끼며 아이에게 집중할 수 있다. "한 아이를 키우려면 온 마을이 필요하다"는 말처럼, 서로의 마음을 열고 협력할 때 아이도 교사도, 부모도 모두 행복한 시간이 된다.

시간은 정말 쏜살같이 흘러간다. 0세 반에 입소했던 아이가 어느덧 초등학교에 입학한다. 그 짧은 시간 속에서 얼마나 많이 성장하는지 곁에서 지켜보며 늘 놀라곤 한다. 이 결정적 시기에 우리 아이에게 좋은 영향을 줄 수 있도록 어린이집에서도 최선을 다한다. 부모님들이 간절히 소망하는 그 마음을 알기에 교육기관과 선생님들은 온 힘을 쏟는다.

아이들은 참 맑고 순수하고 활동적이다. 계산하거나 따지지 않고 교사의 말 그대로 믿고 따라 준다. 그래서 어린이집에 오면 신선한 에너지가 들어오고 기분이 좋아진다. 주어진 시간 속에서 기회를 놓치지 말자면서 서로를 칭찬하고 격려하며 사랑으로 임한다.

한 아이가 얼마나 보배롭고 존귀한지 늘 느낀다. 소중한 생명 안에 참으로 많은 것이 들어 있음을 본다. 하나님의 형상을 닮아 귀하게 자라는 아이들을 보면 신비롭다. 영유아기 시절은 아무래도 유아교육 기관과 가정이 긴밀하게 연계되어 있기에 소통이 더욱 절실하다.

우리 아이와 잘 맞는 어린이집을 신중하게 선택했다면 이젠 우리 아이가 어린이집에 잘 적응하고 행복하게 성장하도록 함께 도와줘야 한다. 담임과 신뢰가 두터워지면 가정과 연계하여 우리 아이에게 때마다 필요한 부분을 채워 줄 수 있다. 소통이 중요하다고 아무 때나 교사에게 전화하는 것은 자제해야 한다. 교사의 사적인 시간을 존중하는 예의도 필요하다.

또 하나 중요한 것은 아이에게 꼭 필요한 공감을 해 주고 관심을 놓치지 않는 것이다. 아주 짧은 시간이라도 집중해서 아이의 이야기도 들어주고, 어린이집에서 보내 주는 소식에 귀 기울이며 반응해 주는 것이 좋다. 바깥 활동은 언제 있으며 어떤 준비물이 필요한지, 다녀와서는 어땠는지 다양한 매체들을 통해 공개하는 것을 아이와 함께 들여다보는 것이다.

선생님이 올려주는 사진에 댓글로 응원도 해주고 고맙다고, 수고하셨다고 간단한 인사만 건네도 큰 격려가 된다. 일대일 상담을 통해서도 우리 자녀를 더 잘 파악하고 도와야 할 부분을 지원해 주면 큰 어려움 없이 즐기며 성장, 발달할 수 있다. 부모와 교사가 함께 웃고 협력하는 가운데 우리 아이들의 내일은 반짝 반짝 빛나리라.

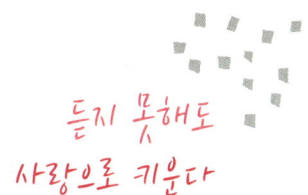

듣지 못해도
사랑으로 키운다

    수화 통역사와 함께 입학 상담을 온 아율이 부모님은 청각장애를 지닌 분들이었다. 2023년 11월생, 이제 겨우 4개월 된 어린 딸 아율이가 올바르게 말할 수 있는 사람으로 자라나기를 바라는 간절한 마음에서였다. 다른 청각장애 부모님들이 여러 자녀를 우리 어린이집에 맡긴 경험이 있었기에 열린 마음으로 상담했고, 그렇게 아율이는 2024년 3월부터 다니기 시작했다.

    아율이는 무척 순한 아이다. 배가 부르고 기저귀만 보송하면 잘 놀고 푹 자는 아가다. 날마다 쑥쑥 자라는 모습에 담임선생님도, 옆 반 선생님도 "아율이가 너무 예뻐요" 하며 웃는다. 안아주고 토닥이고, 또 이야기를 건네는 그 손길에 아율이의 표정도 매일 밝아진다.

    엄마는 아율이에게 어울리는 원피스를 곱게 입혀 보내고, 아기는 언제나 깨끗하고 좋은 향기를 풍긴다. 선생님과 눈을 맞추고 옹알이를 하며 무럭무럭 자란다. 선생님은 아율이의 하루를 사진과 글로 정성껏 기록해 어머님께 보내 드리고, 어머님은 감사의 댓글을 빠짐없이 남겨 주신다. 비록 소리를 듣고 말하진 못하지만, 그 따뜻한 문장의 온도에 우리 모두 감동한다.

어린이집에 다닌 지 6개월이 되어, 아율이는 뒤집기를 하고, 어머니가 정성껏 만들어 주신 이유식을 맛있게 먹는다. 발달도 아주 건강하게 이루어지고 있다. 부모님은 교사들의 안내를 늘 신뢰하며, 필요한 조치는 빠짐없이 따라 주신다. 비록 아기의 기침 소리나 숨소리의 변화를 스스로 감지하긴 어렵지만, 아이를 사랑으로 키워 보려는 진심은 어떤 가정보다 깊고 애틋하다.

청각장애 부모님 가정을 더 깊이 이해해 보려던 중, 한 권의 책을 만났다. 일본 작가 기시카와 에쓰코의 《너의 목소리가 듣고 싶어》 청각장애 부모를 둔 소녀 하나가 사춘기의 상처를 이겨내고 자신의 꿈을 이루는 이야기다. 이 책은 실제 인물을 바탕으로 쓴 것으로, 우리 어린이집 선생님들이 돌려 읽으며 많은 공감과 배움을 얻고 있다.

언젠가 아율이가 "엄마, 아빠"를 부르며 말을 시작할 날이 오면, 지금의 옹알이는 분명 추억이 될 것이다. 하지만 그 순간 부모님은 목소리를 들을 수 없기에 얼마나 마음이 아플까. 그럼에도 이 부모님은 그 현실을 담담히 받아들이고 사랑으로 이겨내고 있다. "진짜 대화는 귀로 듣는 것이 아니라, 마음으로 듣는 것이다"라는 한나 브레너의 말이 생각난다.

청각장애 부모를 둔 한 사춘기 소녀의 온라인 글을 떠올렸다. "친구들이 저를 '청각장애 딸'이라며 놀려요. '병신 딸'이라는 말도 듣고 학교 가기 너무 힘들어요." 마음 아픈 글이었다. 아율이 역시 자라면서 비슷한 상처를 겪게 되지 않을까 걱정된다. 하지만 지금 우리가 건네는 사랑과 돌봄이 아율이의 마음에 깊이 새겨져, 앞으로 어떤 어려움 속에서도 아율이가 스스로를 사랑하고, 부모를 자랑스러워할 수 있기를 바라며 믿는다.

아율이 부모님은 '마음이 넓은 부모'다. 그 사랑과 헌신은 장애와 상관없이 자녀를 크게 자라게 할 것이다. 우리는 아율이에게 어떤 상황에서도 가장 희망적인 생각, 말, 행동을 선택하는 힘인 '긍정적 태도'를 길러 주고 싶다. 아율이가 이 세상에서 눈부시게 빛나는 사람으로 자라고, 아율이 부모님이 이 사랑스러운 딸 덕분에 세상과 더욱 따뜻하게 소통하게 되길, 우리는 진심으로 기도하고 또 응원한다.

우리 아이 금손 만들기

시혁이네 집 현관문을 열자마자 입구부터 복잡할 정도로 뭔가가 주렁주렁 달려 있다. "우와! 어머님, 정말 잘하시네요. 아이들이 만들기 잘하는 데는 다 이유가 있었군요." 세 아이를 어린이집에 보내며 늘 밝은 웃음으로 만나는 시혁이 어머님은 뜨개질도 잘하신다. 바쁜 직장생활 중에도 다양한 모양의 수세미를 예쁘게 짜서 선물해 주시곤 한다. '아이들이 엄마를 닮아서 손재주가 있나 보다' 생각했는데 그만한 이유가 있었다.

어린이집에선 아이들이 기발한 생각으로 만들기를 많이 한다. 휴지 심, 작은 화장품 상자 등 어느 것 하나 버릴 것이 없다. 아이들 손에 들어가면 집중해서 뭔가를 만들며 행복해한다. 문제는 집으로 가져가면 부모가 아이의 작품을 알아봐 주지 않고 '지저분하다'는 이유로 버리는 경우가 많다. 아이가 정성껏 만든 결과물을 부모가 인정해 주지 않으면 창의력의 싹이 자라기 전에 꺾이게 된다. '이게 뭐지' 물어보고 칭찬해 주면서 전체 가족이 감상하도록 전시도 하면 좋은데 그냥 버리는 것이 안타깝다.

시혁이 어머님은 위로 누나 둘이 어린이집에 다닐 때도 그랬다. 끄적거린 이면지 한 장도 쉽게 버리지 않는다. 집안 벽엔 온통 그런 작품으로 가득하다. 학기 초 부모 교육할 때 "창의적인 아이로 키우고 싶다면 어른의 눈에 별것 아닌 아이의 작품을 소중히 여기고 집안에 잘 전시해 주며 칭찬해 주세요"라고 알려드렸다.

어머님이 그대로 따라 하시며 자녀들을 격려해 주니 아이들도 점점 더 열심히 하고 좋은 작품을 만들며 성장해 가는 것을 볼 수 있다. 초등학교 다니는 두 누나가 반에서 만들기를 제일 잘한다고 들었다. 만들기를 좋아하며 제법 잘 만드니 '금손'이라는 별명도 얻었단다.

나도 아이들을 키울 때 한쪽 공간에 만들기 코너를 마련해 주었다. 틈만 나면 그림을 그리고, 오리고, 붙이고, 만들기를 하며 즐거워했다. 어른 눈에 하찮아 보여도 칭찬하며 집 안 곳곳에 전시해 주었더니 아이들은 자신들의 작품을 자랑스럽게 여겼다. 누군가 손님이 오면 그 그림 빨리 보여 주라고 눈짓도 한다. 우리 아이들은 그림도 잘 그리고 만들기도 좋아하면서 잘한다. 아마도 어려서부터 맘껏 해보고 칭찬받고 격려받으며 자라서 그런 것 같다.

나는 아이들이 어렸을 때 함께 외출할 경우 특별한 가방을 들고 간다. 가방 안에는 색종이, 가위, 풀, 점토, 그림책, 필기도구, 스케치북 등 가지고 놀 만한 것이 들어 있다. 전철 안에서도 그리거나 접거나 자르며 조용히 즐길 수 있다. 어느 곳이든 방문해도 놀잇감이 없다고 지루할 틈이 없다. 아주 어릴 때 전철 타고 서울 할머님 댁에 갈 때도 스케치북에 그림을 그리며 가면 곁에 앉아 계시던 어르신들께서 그림 잘 그린다고 칭찬하곤 했다. 아이가 뿌듯해하는 것을 곁에서 지켜보는 나도 행복했던 기억이 난다.

의사이자 아동교육 전문가 마리아 몬테소리(1870~1852)가 발표한 교육이론 가운데 하나가 "아이들은 언제 어디서나 손을 가만히 두지 못한다. 아이의 손은 두뇌를 확장시키는 도구다. 손을 통해 세상을 배우고 창의력을 키워간다"고 말한다. 손의 촉감을 많이 활용할 수 있도록 제공해 준다면 집중력, 창의력, 자발성을 키울 수 있다. 거창한 것이 아니다. 무엇이든 가지고 놀 수 있는 놀거리가 무궁무진하다. 자율성을 주면서 손으로 조물조물 만지며 좋아하는 놀거리를 제공해 주면 좋다.

미디어가 일상이 된 요즘, 조용한 영상만 보는 아이들이 늘고 있다. 하지만 손으로 직접 만들며 느끼는 성취감은 그 어떤 디지털 콘텐츠도 줄 수 없는 값진 경험이다. 큰돈 들이지 않고 성취감을 느끼고 행복을 만질 수 있는 '생각 주머니' 하나씩 가져보면 어떨까? 주머니 속에는 아이가 좋아할 만한, 손으로 만지고 놀 수 있는 거리로 채워 주면 된다. 외출할 때도 가지고 가면 차 안에서나 어디서 기다릴 때도 놀 수 있다.

아주 작은 걸 하나 만들어도 '이건 뭐야?' 물어보고 "정말 좋은 생각이야. 멋지게 잘 만들었네" 하고 칭찬해 주면 된다. "칭찬은 아이를 춤추게 한다"(루돌프 드라이커스, 교육심리학자) 가족 모두가 감상할 수 있도록 집 안에 걸어두면 아이는 더 열심히 만들고 즐기게 된다. 우리 아이들은 엄마, 아빠의 관심과 격려 속에서 '금손'이 된다.

깜짝 놀랄 반전 이야기

"원장님! 어떻게 해요? 지금 지민이 입안에서 피가 많이 나요."

다급한 목소리로 2세 반 선생님에게서 전화가 왔다.

"왜요? 어쩌다가요?"

"점심 먹고 차례로 양치질하는데 뒤에 서 있는 친구가 지윤이를 밀어서 세면대 모서리에 부딪쳤어요. 입안이 찢어진 것 같아요."

빨리 갈 테니 일단 어머님께도 연락해 달라고 했다. 어린이집 원장님들과 모여 월례회의를 하고 점심을 먹는 중에 전화를 받고 서둘러 원으로 향했다. 운전해 돌아오며 별별 생각이 다 들었다. 어린이집을 운영하며 가장 힘든 일 중 하나가 아이가 다치는 일이다. 원에 도착하자마자 2세 반으로 뛰어 들어갔다.

지민이 어머님이 이미 도착하셨다. 지민이는 엄마 품에 안겨서 울고 있다. 아직도 피가 멈추지 않아 얼른 어머님을 모시고 병원으로 향했다. 너무 죄송한 마음에 "어머님. 많이 놀라셨죠? 죄송해요. 지민이가 많이 아프겠어요"라고 말씀드렸다. 의외로 어머님께서는 "저보다 선생님들이 더 많이 놀라셨겠어요. 아이들이 다칠 수 있죠. 괜찮아요"라고 하셨다. 얼마나 감사한지 더 미안한 마음이 들었다.

병원에 도착해서 일단 지혈하고 안의 상처를 살펴보신 의사선생님께서 다행히 많이 찢어지지 않아서 몇 바늘만 꿰매도 될 것 같다고 하신다. 부분 마취하고 찢어진 부위를 꿰맨 후 약도 처방해 주셨다. 다시 원으로 돌아와 지민이 짐을 챙겨 어머님과 함께 집에 모셔다 드렸다. 돌아오는 길에 아이가 좋아할 과일을 사서 전해드리고 원으로 들어왔다.

담임선생님은 연신 죄송하다며 미안해한다. 선생님이 걱정하며 지민이 어머님께 문자 드렸더니 어머님이 이렇게 답장을 주셨다고 한다. "선생님이 잘못한 일이 아니잖아요. 얼마든지 다칠 수 있어요. 다행히 지민이도 보채지 않고 잘 놀아요. 내일 기분 괜찮으면 등원할게요."

지민이 어머님은 평소에도 항상 교사들에 대한 신뢰를 보여주시고 긍정적인 마음으로 응원하며 힘을 실어 주신다. 이번 일을 겪으며 지민이 어머님에 대한 고마운 마음이 더 커졌다. 교사들의 입장을 이해해 주시고 "집에서 내 아이 한 명 키우기도 힘든데 그

많은 아이들 돌보시는데 얼마나 힘드세요? 감사합니다" 하며 연신 고마움을 표현해 주신다. 그리고 통학 차량 운행하여 가면 더운 여름엔 시원한 음료 두 잔 준비해서 운전자와 동승자 선생님을 기분 좋게 해주신다.

다음날 아침, 어머님께 문자가 왔다. "원장님, 시간 괜찮으시면 뵙고 싶은데 어떠신지요?" 깜짝 놀랐다. '이건 또 뭐지?' 혹시 다른 마음이 있는 것은 아닐까 걱정되었다. "당연히 시간 낼 수 있어요. 언제 어디서 뵈면 좋을까요?" 어머님은 오전에 지민이를 데려다주면서 근처 카페에서 만났으면 한다고 답장을 주었다. 마음이 무거웠지만 애써 밝은 미소로 만났다.

어머님은 벌써 눈가에 눈물이 그득 고였다. '이크, 말로는 괜찮다고 했지만 보통 일이 아니었구나.' 마주 앉은 나는 미안한 마음에 "어머님, 지민이 안쓰러우시죠? 죄송해요" 하고 손을 잡았다. 지민이 어머님은 손사래 치면서 정색을 한다. "아니에요. 원장님, 제가 오늘 뵙자고 한 것은 원장님과 선생님이 얼마나 힘드셨을까? 걱정되어 위로드리고 싶었거든요."

지민이 어머님은 친정 언니가 보육교사로 근무하다 맡고 있던 아이가 다치는 일이 생겨서 사임하고 현재 정신과 치료받고 있다는 아픈 마음을 털어놓았다. 다친 아이는 평소에 다른 아이들을 몹시 괴롭히는 아주 장난꾸러기인데 부모님은 예민하고 까칠한 분이라고 한다. 그동안 자기 아들이 다른 아이 다치게 한 일은 미안해하거나 사과 한번 없었단다. 그 아들이 계단에서 뛰어내리다 골절되는 사고가 있었다. CCTV를 보면 분명 자기 아들이 장난치며 뛰어 내려오다 다쳤는데도 담임이 제대로 잘 보호하지 않아서라고 담임 탓을 했단다. 결국 그분 언니는 책임지고 사임하고, 심한 트라우마가 생겨 정신과 치료를 받는다고 했다.

그래서 자신은 보육교사 일이 얼마나 힘든 일인지 조금은 알기에 지민이가 다쳤다고 들었을 때 선생님 마음이 먼저 떠올랐다는 것이다. 그 마음 전하고 싶어서 나를 만나고 싶어 했다. 이런 상황에서도 마음을 알아주고 지지해 주니 참 고마웠다. 어머님께 감사한 마음을 전하고 여전히 걱정하고 있을 선생님께 얼른 알려드리고 싶었다. 헤어져 돌아오며 '혹시 돈을 요구하려는 것은 아닐까?' 하는 나쁜 생각을 잠시 가졌던 나 자신을 책망했다.

지민이는 크게 보채지도 않고 입 안 상처가 깨끗하게 잘 아물었다. 어머님께서 긍정적으로 키우셔서 그런지 아이도 밝고 친구들과도 잘 어울린다. 선생님들끼리 이야기하며 지민이가 아니라 "○○이었다면 어쩔 뻔했냐" 마음을 달랬다. 분명 그 까칠한 어머님이었다면 아주 힘들었을 것이다. "어떻게 이런 일이 일어날 수 있냐? 이게 말이나 되냐? 교사들은 뭐 했냐? 이러니 어떻게 믿고 맡길 수 있냐? 뒤로 밀친 아이 못 다니게 해야 되는 것 아니냐?

어디 무서워서 어린이집 보내겠냐? 앞으로 또다시 이런 일이 생기면 가만있지 않겠다" 등등 어머님 입에서 나올 만한 이야기를 하며 우리는 가슴을 쓸어내렸다.

다양한 부모님들을 만난다. 예의 바르고 깍듯하게 교사들을 존중하는 부모님이 있는가 하면 매사에 불평하며 뭔가 꼬투리 잡아 문제 삼으려는 분도 간혹 있다. 실제로 작은 것 하나도 그냥 넘어가는 법이 없다. 도무지 이해하거나 수용하지 않고 따지고 든다. 그러면 교사들은 참 피곤하고 힘들다. 아이들이 예쁘고 좋아서 사랑으로 이 일을 하다가도 가끔 까다롭고 예민한 어머님을 만나면 긴장하게 된다.

나는 교사들에게 "우리 까다롭게 따지는 어머님 바라보지 말고, 지민이 어머님처럼 편안하게 대해 주시는 분 보고 힘을 얻자"고 격려했다. 나 스스로에게도 이렇게 다짐한다. "좋은 분, 사랑 주는 분 생각하고 기쁘게 달려가자." 나도 누군가에게 지민이 어머님처럼 너그럽게 이해하고 수용하는 태도를 키우고 싶다.

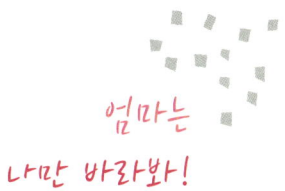

엄마는
나만 바라봐!

어린이집 등원하는 통학 차량에 자이 아파트에서 주현이가 탔다. 동승자 선생님을 독차지하는 주현이는 선생님 팔과 겨드랑이 만지는 것을 좋아해서 타고 오는 내내 맘껏 만지며 기쁨을 누린다. 주현이를 태우고 오는 길목에서 이번 10월에 새로 입소한 혜윤이가 차에 올랐다. 혜윤이 역시 선생님 겨드랑이 만지는 것을 좋아한다. 어린이집까지 들어오는 길은 길어야 10분인데 서로 독차지하려고 경쟁이 붙는다. 선생님 양쪽 팔을 아프도록 만지는 둘은 더 많이 만지려고 치열하게 서로 밀쳐 낸다.

그 모습을 백미러로 바라보며, 문득 젊은 시절이 떠올랐다. 두 아들을 양 옆에 눕히고 잘 때면 "엄마, 나만 봐!"하며 서로 자기를 쳐다보라고 요구한다. 그때 나는 어린 아들들에게 엄청난 인기를 누린 행복한 엄마였다. 나를 얼마나 좋아하는지 늘 엄마를 찾고 함께 있고 싶어 했다. 내 치맛자락만 잡고 있어도 좋다며, 내가 일어서기만 해도 다리를 꽉 붙잡았다. 그러던 아들들은 이젠 나를 찾지 않는다. 어쩌다 문자를 보내도 답이 안 올 때도 많다. 서운하냐고? 전혀 아니다. 당연하다. 때에 맞는 발달과업을 이루며 성장해서 부모를 떠나 자기 아내와 연합했기 때문이다.

나는 두 아들을 키울 때 누린 기쁨으로 이미 충분한 보상을 받았다. 아이들을 키우며 경험한 아름다운 추억들을 종종 기억하며 늘 감사한다. 비록 넉넉한 살림은 아니었으나 마음은 조금도 부족함이 없었다. 아이들은 잘 먹고 신나게 즐기며 뭘 해도 적극적으로 임했다.

형제가 안 싸운 것은 아니지만 둘이 친구처럼 아주 잘 어울렸다. 없는 것을 내놓으라고 떼쓰지도 않았고, 학교 다니는 것을 무척 즐거워했다. 숲속을 마구 뛰어다니며 자연 속에서 거침없이 맘껏 즐기며 놀았다. 마당에는 닭, 토끼, 고양이, 강아지를 풀어 놓아 길렀다. 먹거리도 가공식품 대신 자연식으로 편식 없이 잘 먹였다.

지금 나는 두 아들이 나에게 관심을 주지 않아도, 뭘 안 해줘도 전혀 서운하지 않다. 자신에게 맡겨진 일에 성실하며 가족들을 돌보는 것이 믿음직스럽다. 아내를 사랑하고 자녀들에게 아버지로서 본을 보이며 믿음으로 잘 살아가는 모습을 보는 것만으로도 대견하고 감사하다. 우리가 부모로서 쏟아부은 사랑이 자녀들을 향해 계속 흘러가리라.

유아기와 학령기는 순식간에 지나간다. 빠르게 지나 버린 그 시절 무엇보다 엄마를 찾을 때 그 마음을 알아주지 못하고 바쁘다고 함께 해주지 못한 것이 후회된다. 잠시라도 시간을 내주고 귀 기울여 들어주고 맞장구쳐 주었더라면 얼마나 좋았을까?

안타까운 마음에 지금 어린 자녀들을 키우는 엄마들에게 기회만 되면 아이와 많이 놀아달라고 부탁하곤 한다. 이때가 아이들에게 엄마가 전부이고 엄마를 가장 많이 원할 때이다. 엄마에게 나만 바라봐 달라고 요구할 때다. 조금 더 크면 엄마를 찾지 않고 크게 필요로 하지 않는다. 함께할 수 있는 중요한 시기인데 몰라서 놓치기 쉽다.

엄마가 힘이 있어야 지치지 않고 아이들과 놀아주고 시간을 같이 보낼 수 있다. 그래서 엄마가 먼저 행복해야 한다. 자신을 사랑하고 돌볼 줄 알아야 하는데 이때는 잠시 이기주의가 되어도 괜찮다. 엄마가 기쁨이 넘치면 집안이 환하게 밝아지고 아이들이 편안하다. 자녀가 어린이집에 가 있는 시간만이라도 좀 푹 쉬면서 에너지를 충전하는 것은 어떨까? 특히 일하는 엄마라면 육아와 살림만 하기에도 벅차서 자녀들과 함께하는 시간이 부족하다.

아이들과 의미 없는 시간을 많이 보내는 것보다 짧은 시간이라도 진심 어린 사랑으로 함께하는 것도 좋다. 아이들도 그런 엄마의 진심과 감정을 느낄 수 있다. 대체로 아이들은 엄마를 좋아한다. 나를 좋아해 줄 그때, 그 시기를 놓치지 말라. 지나가면 다시 돌아올 수 없다. 엄마의 사랑으로 흠뻑 채우면서 자녀들이 꿈을 꾸며 성장한다면 이보다 더 소중한 일이 어디 있으랴!

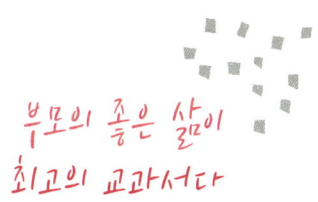
부모의 좋은 삶이
최고의 교과서다

"아니, 이게 뭐하는 짓이야?"

방바닥에 우유를 쏟아 붓고 빨대로 쪽쪽 빨아먹는 두 아들을 향해 소리쳤다.

"엄마, 맛있어요."

"아냐, 바닥은 더러워. 이렇게 먹으면 안 되지."

"엄마도 저번에 이렇게 먹었잖아요?"

그 순간 아이들 앞에선 어떤 행동도 가볍게 해선 안 된다는 사실을 다시 깨달았다.

큰아들 믿음이가 다섯 살 때 실수로 우유를 방바닥에 쏟았다. 아까운 마음에 나는 얼른 바닥에 엎드려 빨대로 우유를 빨아먹고 걸레로 닦았다. 아이들에게 어떤 영향을 미칠지 전혀 생각하지 못했다. 그런데 당시 엄마의 모습을 그대로 보고 따라하는 다섯 살, 세 살, 두 아들의 모습은 40년이 지나도 생생하다. 아이들은 말로 가르치기도 하지만, 부모나 교사의 삶을 통해 끊임없이 영향을 미치는 것을 그때 배웠다.

지금도 나는 유아 교육자로 현장에 있으면서 어린아이들이 우리의 모습을 유심히 보고 듣고 있음을 마음에 두고 있다. 그래서 선생님들에게도 늘 말한다. "아이들 앞에서 함부로 말하지 마세요. 부드러운 말로, 따뜻한 눈빛으로, 환한 미소로 대해 주세요" 하고 말이다.

제임스 볼드윈은 "아이들은 어른의 말이 아니라 행동을 따라한다"고 했다. 아이들이 모여 소꿉 놀이하는 모습을 보면 집안 분위기, 부모의 말투, 행동이 고스란히 드러난다. 아이들은 부모를 따라한다. 어쩌면 아이는 부모가 살아가는 방식을 있는 그대로 배우는 최고의 제자일지 모른다.

그런데 우리는 종종 아이에게 화내며 말한다. "너는 도대체 누굴 닮아서 이러니?" 닮긴 누굴 닮을까? 부모, 교사, 형제, 가까운 이웃들, 바로 우리 자신이다. 중요한 질문은 이것이다. '나는 내 자녀가 나처럼 살기 바라는가?' 진심으로 '그렇다'고 대답할 수 있다면, 이미 좋은 부모의 길을 걷고 있는 것이 아닐까? 나는 이렇게 살지 못했지만, 너만은 다르게 살아야 한다고 할 수 없다. "엄마처럼, 아빠처럼 행복하게 살면 참 행복할 거야"라고 말할 수 있는 삶, 그것이 진짜 교육이다.

우리는 자녀가 잘되길 바라며 모든 사랑과 정성을 쏟는다. 하지만 진짜 중요한 건 말이 아니라 삶으로 보여주는 본보기다. 책 읽는 자녀를 원한다면 부모가 책을 읽는 모습을 보여야 한다. 예의 바르고 따뜻한 아이가 되길 바란다면, 부모의 말과 행동부터 예의 바르고 따뜻해야 한다. 아이는 듣는 것이 아니라 보는 것을 따라하기 때문이다.

나 역시 두 아들을 키우며 시행착오를 많이 겪었다. 돌아보면 "그때는 왜 그렇게 다그쳤을까, 왜 기다려 주지 못했을까?" 하는 후회가 남는다. 믿지 못해 감시하듯 말했고, 감정적으로 휘둘려 큰소리치기도 했다. 다시 돌아간다면 더 따뜻하게, 더 믿어 주며 키우고 싶다.

그래서 지금 나는 어린이집에서 만나는 젊은 부모님들에게 간절한 마음으로 이야기한다.

"아이들은 당신을 보며 자랍니다. 삶으로 가르쳐 주세요." 하지만 그 말에 귀를 닫는 이들도 있다. "몰라서 안 하나요? 다 알지만 안 되는 걸 어떻게 해요." 정작 본인은 밤늦게까지 핸드폰을 보면서 아이에게는 하지 말라고 한다. 책을 읽으라고 권하면서 자신은 전혀 읽지 않는다. 그럴 때 말은 아무 힘이 없다.

나도 그랬다. 어릴 적 부모님의 모습 중 싫었던 것을 "절대 나는 저렇게 안 살 거야" 했는데, 어느새 나도 그렇게 하고 있다. 말로는 홍보지만 삶은 닮는다. 그게 가정교육의 무서운 진실이다. 부모의 삶이 최고의 교과서다.

아무리 좋은 말로 알아듣기 쉽게 가르친다 한들 삶으로 보여주지 못한다면 무슨 가르침을 줄 수 있을까? 가정은 어린 자녀가 건강한 사회 구성원으로 잘 성장하도록 돕는 가장 좋은 학교임에 틀림없다. 그것도 부모의 말이 아닌 부모의 삶을 통해서 말이다. 지금이라도 사랑하는 자녀들에게 "엄마처럼, 아빠처럼 살면 행복하다"며 진정한 현장 교육이 삶을 통해 이뤄지면 얼마나 좋으랴!

엄마, 그때 생각나?

"엄마! 그때 생각나?" 나이 마흔이 넘은 둘째 아들은 가끔 어렸을 때 서운했던 마음을 이야기한다. 물론 나는 전혀 생각나지 않는다. 아들이 여섯 살 때 우리 동네에 말 태워 주는 차가 왔단다. 한 시간 타는데 200원인데 아들이 타고 싶다고 엄마인 내게 졸랐으나 "돈 없어" 하고 단칼에 잘라 말하고 안 태워 줬다는 것이다. 동네 친구들은 다 탔는데 자기만 못 탔고 그때 정말 화가 많이 났다고 한다. '내가 그때 왜 그랬을까? 아무리 돈이 없었다고 해도 그걸 왜 안 해 줘서 두고두고 서운한 말을 듣고 있을까?' 그 돈이 뭐라고 말이다.

아이들은 의외로 아주 사소한 일도 잊지 않고 기억한다. 대부분 화나고 속상한 일을 말이다. 큰 잘못이 아닌데 억울하게 혼났던 이야기, 자기 마음 몰라주고 요구사항 안 들어준 일, 다른 친구들은 다 가지고 있는 것을 자기만 없어서 힘들었던 이야기 등, 세월이 많이 지나 잊을 만한데도 잊지 않고 서운했던 마음을 털어놓을 때가 있다.

이렇게 될 줄 알았으면 아이들 키울 때 웬만하면 다 들어줄 것을 제대로 못 해줘서 미안하고 마음이 아프다. 그 옛날로 다시 돌아갈 수 없으니 안타깝다. 다시 아이를 키울 수 있다면 마음도 좀 알아주고 잔소리도 줄이고 믿어 주고 맘껏 응원해 줄 수 있을 것 같은데 ….

그렇다면 우리 아들은 자기 자녀들에게 요구사항 다 들어주며 잘하고 있을까? 그렇지 않다. 부모가 되면 또 어쩔 수 없이 부모만의 자녀 양육에 대한 책임과 한계가 있는 것 같다. "아들! 어렸을 때 엄마에게 섭섭했던 것 기억하고 아이들에게 잘해줘!" 하면 "교육상 안 된다고요" 하며 자기가 옳다고 한다. 아마 모든 세대가 여전히 계속해서 이렇게 하고 있지 않을까?

나도 어린 시절 부모님에게 화나고 억울했던 일들이 있었다. 엄마가 되면 아이들 요구를 충분히 들어주고 잘 키우리라 믿었다. 하지만 막상 엄마가 되어 자녀를 키우다 보니 어린 시절 가졌던 생각은 다 사라지고 여전히 욕심으로 아이들 키우는 내 모습을 볼 수 있다.

어린이집에서 만나는 아이들 역시 부모로부터 사랑과 존중을 받지 못하는 것을 느낄 때가 있다. 어른이 생각할 때 별것도 아닌 아주 사소한 일인데 아이들은 오래 기억한다. 부모님의 관심과 사랑이 필요한데 기본적인 것조차 안 채워 주는 부모님을 만나면 안타깝다. 예를 들어 어린이집 원생들이 친구들과 함께 체험활동을 나갈 때 모두 원복 입고 운동화 신고 약간의 간식도 준비해야 한다고 안내한다.

대부분은 다 갖춰 입고 온다. 그런데 유독 전혀 안 챙겨 오는 친구들이 있다. 온종일 우울해하고 즐기지 못한다.

부모님이 아무리 바빠도 이것은 자녀에 대한 관심과 사랑에서 비롯된다고 생각한다. 아주 작은 일인 것 같지만 아이들은 마음에 큰 상처로 남는다. 어린이집에서는 부모님과 함께하는 다양한 체험학습도 준비한다. 많은 부모님이 적극적으로 참여해서 아이들과 함께 놀아주니 운영자로서 힘이 되고 기쁘다.

그런데 유독 체험학습에 늘 참여하지 않는 가정이 있다. 집안에 행사나 피치 못할 사정이 있기도 하나 핑계를 대고 안 오는 가정도 더러 있다. 결국 그 자녀는 친구들과 다양한 체험을 하며 즐길 수 있는 기회를 놓치고 만다. 체험학습 이후에도 아이들은 계속 놀이를 확장하며 "우리 그때 진짜 재미있었지?" 하며 말하는데 함께하지 않은 친구는 공감할 수 없기에 안타깝다.

자녀를 키우는 상황이 다 다른 것을 이해하지만, 부모가 자녀들에게 줄 수 있는 최상의 것을 준다면 얼마나 좋을까? 어떤 부모님은 어린이집에서 아이들과 다녀온 좋은 체험장을 가정으로 안내하면 부모가 시간 내어 자녀들을 데리고 가서 함께 놀아주는 경우도 많다. 친구들과 놀 때도 좋았지만 가족과 함께 경험하는 놀이도 좋고 색다른 즐거움을 누릴 수 있어 적극 권한다.

우리 자녀들은 놀면서 성장한다. 다양한 경험을 통해 아이들은 폭넓게 생각하고 전인격적으로 원만하게 발달과업을 잘 이뤄간다. 필요한 절대적 시기 놓치지 말고 자녀들을 위해 마음 다해 투자해 주면 어떨까? 그런 아이들은 안정적으로 건강하고 행복하게 살아낼 수 있어 보인다.

나는 공원, 과학관, 식물원, 동물농장, 키즈 카페 등 우리 어린이집 아이들과 놀이를 나갔을 때 그곳에 부모님들과 함께 놀러 온 아이들을 보면 유심히 관찰하는 습관이 있다. 특히 젊은 부모님들을 향해 고마운 마음을 갖게 된다. 그분들이 왜 힘들지 않겠는가? 바쁜 시간 아이들을 위해 시간을 내고 재정을 사용하고 몸을 쓰며 놀아주는 엄마, 아빠를 향해 박수를 쳐 준다.

아마도 그 자녀들은 부모와 함께했던 행복한 마음을 오래오래 잊지 않고 기억하리라. 그러한 것이 쌓이며 아이들은 감동의 글을 쓰고, 멋진 그림을 그리고, 아름다운 음악을 할 것이다. 그런 사랑을 받고 행복을 누렸던 아이들은 살면서 어려운 문제를 만났을 때 넉넉히 헤쳐 나갈 힘도 얻게 될 것이다.

참고 살길 잘했어

"원장님. 우리 시은이 갔어요?"

"아직 안 갔어요. 어머님이 안 데리러 오세요?"

"네, 아빠가 갈 거예요."

이제 막 돌 지난 시은이 엄마 전화다. 그런데 이상하게도 잠시 후 시은이 아빠에게서 전화가 왔다.

"원장님. 우리 시은이 데리고 갔나요?"

"아뇨. 시은이 엄마는 아빠가 데리고 간다고 하던데요?"

"그래요? 제가 좀 늦을 것 같은데 기다려 주세요."

"그럼요. 걱정하지 마시고 일 잘 보고 오세요."

이게 무슨 상황인가? 함께 있던 아가들이 다 집으로 돌아간 늦은 밤인데 시은이만 남아 있다. 아이는 불안한지 계속 운다. 야간 교사가 돌보며 이제나 저제나 인터폰이 울리길 기다린다. 교사가 퇴근해야 하는 9시 30분이 지나도 소식이 없어 애가 탄다. 울던 아기도 지쳐서 잠이 들었다.

그러다가 드디어 '띵동' 인터폰이 울린다. 뛰어나가 보니 아빠 얼굴이 벌게져 있고 술 냄새가 진하게 풍겼다. "회식하는 자리라 빨리 나오지 못했습니다. 죄송합니다." 그는 자는 아이를 조심스레 안고 갔다.

다음날 아침, 시은이 엄마가 아기를 안고 왔다.

"어제는 무슨 일 있었어요?"

"네, 우리 이제 그만 살려고요."

"아니, 왜요?"

"맞는 게 하나도 없어요. 너무 답답해요. 같이 못 살겠어요."

"그럼 시은이는 어떻게 해요?"

"제가 키워야죠. 설마 양육수당은 주겠지요."

엄마는 말끝을 흐리며 덤덤하게 말한다. 언제나 밝게 잘 웃는 젊은 엄마 얼굴에 분노가 서려 있었다.

"이렇게 예쁘고 사랑스러운 시은이가 엄마, 아빠 사랑받으며 잘 자라야 할텐데요."

"할 수 없죠. 애를 위해선 같이 살아야 맞지만 제 인생도 중요하니까요. 이따가 아빠가 데리러 올 거예요. 저는 친정 가서 며칠 있다 올 거예요. 우리 시은이 잘 부탁드려요."

'이 귀한 아이를 두고 왜 이렇게까지 갈라서려 할까.' 요즘 사람들은 결혼도 쉽게 하지만 부부로 맺은 인연을 끝내는 것도 너무 쉽게 결정한다. 조금만 힘들어도 참지 않는다. 오늘만 생각하는 것 같다. 하지만 그 '조금의 인내'가 아이 인생을 바꾸고, 가정을 살린다. 나중에 분명 후회할 것이 뻔한데 그 나중이 안 보이는 것 같다.

시은이가 엄마, 아빠의 분위기를 아는 듯 잘 먹지도 않고 잠도 깊게 자지 못한다. 계속 보채고 울어대니 담임선생님이 안고 달래고 업어 재우고 하루 종일 씨름했다. 결혼해서 한동안 두 사람은 행복했을 것이다. 잘살아 보기로 약속하고 아이도 낳고 열심히 직장생활도 하며 살아왔을 것이다. 사노라면 서로 맞지 않는 부분이 있는데 그 작은 불편함을 견디지 못한다. 이해도 안 되고 용납도 안 된다. 그냥 헤어지면 만사 다 해결되리라 쉽게 생각한다.

다행히 친정에서 며칠 지내고 온다던 시은이 엄마는 그날 오후에 돌아왔다. 아이를 안고 눈시울이 붉어져 있었다. "그냥 참고 살기로 했어요." 우리도 너무 기뻐서 잘했다고 등을 토닥여 주었다. "잘하셨어요. 우리가 사랑으로 잘 도와드릴게요." 시은이도 엄마를 보니 안심이 되는지 방긋방긋 웃는다. 이렇게 위기를 잘 넘기고 다시 웃음을 찾은 시은이 엄마는 아이를 맡기며 제자리를 찾은 듯 했다. 지켜보는 우리 교사들이 응원하며 우리도 다 그런 때를 지내서 이렇게 잘살고 있다고 걱정하지 말라고 말해 주었다.

몇 주가 지나고 현관이 시끌벅적해서 나가 보니 시은이 엄마가 둘째를 임신했다는 소식이 들렸다. 우리 선생님들이 박수를 치며 축하했다. 나도 시은이 엄마를 안아 주며 "우리가 잘 키워 줄 테니 아무 걱정하지 마세요" 하며 축복해 주었다. 부부가 서로 조금씩 양보하고 서로 불쌍히 여기며 한마음이 되어 살면 얼마나 좋은가?

사람은 완벽하지 않다. "행복한 가정은 우연히 만들어지지 않는다. 그것은 용서, 배려, 인내, 그리고 사랑의 결정체다"(조지 허버트). 서로를 조금씩 양보하고, 있는 모습 그대로 수용해 줄 때 비로소 가정을 지킬 수 있다. 시은이는 하루가 다르게 의젓하고 예뻐졌다. 마치 언니가 될 준비를 하는 듯했다. 이럴 때 어린이집을 운영하며 보람과 행복을 느낀다. 시은이 동생은 또 어떤 모습으로 이 세상에 와 줄까? 설레는 마음으로 기다렸다.

오래지 않아 결국 시은이 동생이 태어났다. 엄마를 닮아 두 딸이 참 예쁘다. 두 자매는 안정되게 잘 성장하며 어린이집을 졸업했다. 종종 어머님을 만나면 "그때, 참고 살길 참 잘했어요" 하며 수줍게 웃는다.

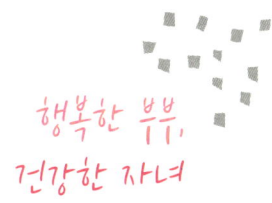

*행복한 부부,
건강한 자녀*

　그동안 만났던 수많은 부모님들께 감사드리고 싶다. 아이들에게 좋은 부모로 최선을 다하는 모습을 보면 내일이 밝기에 참 고맙다. 어린이집을 운영하며 여러 방법으로 부모교육, 부모참여 수업을 계속했다. 부모님들이 열심히 적극적으로 참여해 주시는 덕분에 힘이 났고, 더 잘하고 싶었다. 맞벌이로 시간 내기 어려워도 자녀를 위한 수고를 아끼지 않는 부모님들 때문에 우리나라의 미래가 든든하다.

　이유식을 직접 정성껏 만들어 보내 주던 엄마, 주말이면 아이와 함께 여행하며 추억을 쌓는 아빠, 배운 것을 바로 실천하며 성장하는 부모, 밝은 미소와 따뜻한 말로 우리를 격려해 주던 어머님들. 그분들이 있어 교사인 우리는 함께 성장했고, 그분들이 있어 아이들은 행복하게 자랄 수 있었다.

　계절마다 진행되는 갯벌 체험, 숲속 나들이, 시장 놀이, 가족

운동회, 재롱 발표회 등, 부모님들의 참여로 모든 행사가 더욱 빛났다. 아이들의 하루를 사진으로 공유하면 따뜻한 댓글과 감사의 메시지가 돌아왔다. 작은 일 하나도 놓치지 않고 협력해 주신 부모님들 덕분에 우리 아이들의 오늘이 더 단단해졌음을 믿는다.

1년에 두 번 진행되는 담임교사와의 상담에도 부부가 함께 와서 진지하게 자녀에 대한 정보와 바람을 나누며, 서로 협력해서 자녀가 더 원만하게 성장할 수 있도록 함께 해 준다. 작은 일에도 감동하고, 어떻게 하면 더 잘 키울 수 있을지 항상 귀 기울여 들어주고, 의견을 나눈다. 사랑하는 자녀들 가까이서 세심히 관찰하고 무엇을 잘하는지, 어떤 것에 관심이 있는지 찾아보며 아낌없는 지원을 해준다. 아이들은 부모의 사랑을 알고 느끼며 전인격으로 성장해 간다.

잊을 수 없는 어머님도 있다. 부모교육 중, "자녀가 자라는 만큼 부모도 함께 성장해야 한다"는 내 말에 진심으로 다가와 물었다. "어떻게 하면 저도 나아질 수 있을까요?" 그 어머님은 초등학교만 졸업한 상태였고, 오랜 꿈이 간호사였다고 했다. 가정 형편 때문에 포기했던 꿈을 다시 꿔도 되냐는 물음에, 나는 진심으로 말씀드렸다. "물론 충분히 가능해요. 저도 검정고시로 공부했어요."

어머님은 용기를 내어 중졸, 고졸 검정고시를 차례로 합격하고 간호조무사 학원에 등록했다. 수없이 어려운 날도 있었겠지만 끝까지 포기하지 않고 자격증을 취득해 현재는 병원에서 당당히 일하고 있다. 두 딸도 밝고 아름답게 잘 자라고 있다. 그 어머님은 지금도 종종 말한다. "그때의 응원, 평생 못 잊어요." 부모가 깨어 있어 성장하면, 아이는 그 안에서 더 건강하고 자존감 높게 잘 자라는 것을 볼 수 있다.

또 한 가정은 특별한 선택을 했다. 지능이 조금 낮은 남매가 타 지역 어린이집에 적응하지 못하자, 부모님은 매일 30분 거리의 우리 원까지 6년간 등원, 하원하도록 도왔다. 그 헌신은 아이들의 삶을 바꾸었고, 지금은 두 아이 모두 초등학생으로서 밝고 건강하게 학교생활을 잘하고 있다. 좋은 소식이 있을 때면 여전히 사진과 메시지로 기쁜 소식을 전해 오신다. 그런 마음이 얼마나 큰 울림이 되는지 모른다.

작년 스승의 날, 과일 한 상자와 카네이션을 들고 찾아오신 부모님께서 눈물을 글썽이며 말씀하셨다. "선생님, 정말 감사합니다. 우리 아이들, 잘 키워 주셔서요." 이러한 감동은 내 삶을 세워가는 힘이 되며, 지치지 않는 열정을 불러일으킨다.

아이들은 생각보다 금방 자란다. 어느새 독박 육아의 시간도 훌쩍 지나고, "그때 잘해 줄 걸…" 하는 후회는 때늦게 다가온다. 오늘 최선을 다한 부모의 모습을 볼 때, 내일의 아이가 건강하게 자란다. 행복한 부부, 따뜻한 부모는 아이에게 가장 든든한 울타

리다. "부모님들, 정말 감사합니다. 우리 아이들의 미래가 기대되는 이유는, 바로 여러분이 오늘도 최선을 다하고 있기 때문입니다. 당신들은 자녀의 가장 위대한 스승입니다."

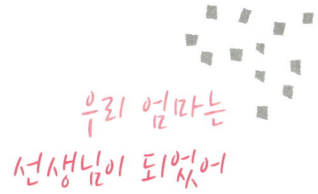

"아빠, 뽀뽀해! 한 번만 더 안아 줘요!"

아침 등원 시간, 여섯 살 하랑이는 아빠와 조금이라도 더 있고 싶어 애교를 부린다. 출근 시간이 촉박한 아빠지만, 하랑이의 바람을 외면하지 않는다. 뽀뽀도, 포옹도, 토닥임도 아낌없이 해 준다. 그리고 다정하게 인사한다.

"아빠 다녀올게. 하랑이도 친구들이랑 행복하게 놀아."

"아빠, 잘 다녀오세요!"

하랑이는 두 팔을 흔들며 큰소리로 대답하듯 그리고 하랑이 아빠는 출근하는 길에 하랑이 누나 두 명과 형을 먼저 초등학교에 보내고, 막내 하랑이를 우리 어린이집에 맡기고 회사로 간다. 자녀 네 명을 둔 요즘 보기 드문 대가족이다. 한때 우리 어린이집에서 네 남매가 함께 자랐고, 지금은 막내 하랑이만 남아 있다. 이 가족은 언제 봐도 따뜻하고 활기차다. 늘 아이들과 눈을 맞추고 함께 놀아 주는 젊은 부부의 모습은 보는 이의 마음까지 따뜻하게 만든다.

하랑이 어머니는 피아노와 작곡을 전공했지만, 네 아이를 키우며 새로운 꿈이 생겼다. '선생님'이 되는 것이다. 지난해 임용고시에 도전했지만 아쉽게 실패했고, 포기하지 않고 재도전한 끝에 올해 합격 소식을 전해 주었다. 교사로 첫 발령을 받은 날, 우리 어린이집 전체가 함께 기뻐했다.

그러나 그 여정은 쉽지 않았다. 학교, 출퇴근 거리도 멀고, 네 아이를 챙기는 일도 만만치 않다. 남편은 아내를 응원하며 기꺼이 아이들의 등하교를 도왔고, 집안일도 나누며 함께 감당했다. 아이 돌봄이 필요한 오후에는 지역 복지관의 도움을 받아 돌봄 선생님이 함께해 주니 모든 것이 은혜다. 아이들 네 명을 키우고 건사하기도 힘든데, 교사로서 정해진 일과를 따라 살자니 보통 바쁘고 힘든 일이 아니다. 그럼에도 아이들을 사랑하여 헌신하는 마음은 여전하다.

하랑이 부모님은 크리스천으로 주일엔 각자에게 있는 재능을 따라 교회에서 성가대 지휘자로, 찬양 인도자로 헌신하고 있다. 부부가 서로 사랑하며 좋은 엄마, 아빠로 아이들을 키우는 것 같아 보기 좋다. 부모님의 사랑과 존중을 받고 자라는 자녀들이 안정되고 원만하게 성장한다.

하랑이는 형, 누나들과 더불어 자라다 보니 성격도 원만하고 또래 관계도 좋다. 새로운 친구가 들어오면 적극적으로 다가가 말을 걸어주고 금방 친해져서 담임선생님에게도 도움이 된다. 엄마가 선생님이 되었다는 이야기를 친구들에게 자랑하며 눈을 반짝인다. 아이들이 엄마를 자랑스러워하고, 엄마도 아이들을 사랑으로 양육하며 꿈을 이뤄가는 모습은 모두에게 큰 울림이 된다.

하랑이 엄마의 도전정신에 박수를 보내고 싶다. 아이들 키우는 일만으로도 벅찬데 임용고시를 준비하며 끝까지 포기하지 않고 결국 해낸 모습이 멋지다. 하랑이 엄마가 마음 놓고 교사 일을 잘 해내도록 우리는 하랑이를 잘 키울 것이다. 그것은 우리에게 맡겨진 일이니까. 어린이집 어머님들께 항상 권면한다. 꼭 하고 싶은 일이 있다면, 지금도 늦지 않았으니 준비해서 해보라고 말이다.

몇몇 어머님들이 다시 공부해 자격증도 취득하고 자녀도 더 낳으며 성장하는 모습을 보면 보람 있다. 십 년을 내다보고 나무를 심고, 백 년을 내다보고 사람을 심는다는 '십년수목(十年樹木), 백년수인(百年樹人)'이라는 말이 있다. 나는 이 긴 호흡의 교육 여정을 함께하고 있어 기쁘다.

하랑이 엄마와의 인연이 2013년 1월생인 첫째 아이를 보내면서 시작되었으니 어느새 10년이 넘었다. 어린이집의 모든 행사는 물론 부모교육에도 적극적으로 참여해 주었다. 지나온 사진을 들여다보니 다양한 부모교육을 많이 했는데, 그 모든 과정 가운데 하랑이 어머님 모습이 항상 들어 있다. '다 엄마다', '맘 코칭', '감정 코칭', '용신 마더북', '용신 맘스쿨' 등 대부분 12주차 과정인데 과제도 성실히 하며 열심히 참여해서 우수한 참여자로 수료증과 상장도 받았다.

이러한 꾸준함이 임용고시를 준비하는데도 그대로 나타났을 것이다. 우리 어린이집에 운영위원으로도 도움을 주고 있다. 주말이나 휴일엔 아이들을 데리고 항상 좋은 곳으로 여행하며 아이들과 시간을 함께한다. 아이 넷을 키우며 힘들만도 한데 언제나 미소가 가득하다. 아이들이 다 부모님을 닮아 긍정적이고 적극적이다. 같이 잘 어울려 놀기에 문제나 다툼이 없이 누구나 좋아한다.

사실 다섯째도 낳으라고 권면했는데 이젠 교사로 재직하며 더욱 바빠졌으니 더 이상 말씀드리는 것은 무리다. 부모의 사랑과 존중으로 자녀들이 좋은 성품으로 잘 성장하는 모습을 보니 이 가정의 미래가 기대된다. 아이의 인생에, 어머니의 도전에, 내가 응원하며 힘을 실어줄 수 있음이 감사하다.

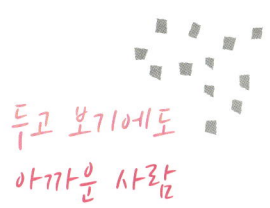

두고 보기에도
아까운 사람

"원장님! 신입 교사 채용하신다고 하셨죠? 혹시 제가 그 자리에 들어갈 수 있을까요?"

세 살, 다섯 살 두 아들을 우리 어린이집에 맡기고 있으면서, 다른 어린이집에서 근무 중인 한 어머님이 조심스럽게 말을 건넸다. '이런 복이 굴러들어오다니!'

"그럼요! 저희야 너무 좋죠."

"감사합니다. 남편과 함께 교회도 가까운 곳으로 옮기고 싶었는데 잘 됐어요."

그 어머님은 평소에도 우리 원에서 소문난 '좋은 학부모'였다. 항상 밝은 얼굴로 감사를 전했고, 간식도 손수 만들어 보내 줬다. 현장학습 날엔 도시락을 준비하며 교사 몫까지 챙기던 그 마음에 모든 교사가 감동했다.

그분이 바로 지금 우리 원감, 성지은 선생님이다. 만 2세 반을 처음 맡았던 첫해부터 성실하고 따뜻한 모습으로 아이들과 동료 교사들, 학부모에게 신뢰를 쌓아 갔다. 남편과도 함께 교회에 나오며 주일학교 교사로 헌신하는 모습을 보며, 담당 전도사님께서도 칭찬한다. 뭐 하나 빠질 것 없이 다 잘 해내는 사람이다.

11월은 교사 상담의 계절이다. 성 선생님에게도 지난 학기 어땠는지, 힘들었던 점은 없었는지 물었다. "밖에서 학부모로만 볼 때보다 직접 안에 들어와 보니 훨씬 더 좋았어요. 그리고 여기 오기 전에는 여러 번 아팠는데 여기서 일하며 한 번도 아프지 않았어요."

그 진심 어린 소감에 눈물이 핑 돌았다. 그렇게 시작된 인연이 어느덧 12년. 그 사이 아이들은 잘 자라 학교에 들어갔고, 어느새 고1, 중2에 재학 중이다. 아들만 둘 키우는 이 엄마 선생님에게 우리 선생님들이 "딸 하나 더 낳으면 우리가 잘 키우겠다"고 말했는데, 정말 임신하여 출산했다. 딸을 간절히 원했으나 이번에도 아들이었다.

이 아들은 올 2월에 우리 어린이집을 졸업하고 초등학교 1학년이다. 지금도 우리 선생님들은 넷째 낳으면 분명히 딸일 거라며 또 낳으라고 하는데 선생님도 고민 중이다. 남편에겐 사랑과 존중 받는 지혜롭고 현숙한 아내이며, 자녀들에겐 늘 기도하며 아이들을 잘 키우는 믿음의 어머니다. 볼수록 참 아름답고 귀하다.

3년 전, 원감으로 발탁되었을 때 몇 번 사양하다가 수락해 주었고, 그 후로 우리 어린이집의 중심이 되어 주었다. 동료 교사들을 잘 챙기고 하나로 묶는 탁월한 리더십, 크지 않은 목소리로도 아이들을 따르게 하는 신비로운 능력이 있다.

작년 9월, 6세 반과 7세 반을 합반하게 되는 어려운 결정을 앞두고 성 선생님과 의논 끝에 통합반을 맡겼다. 마침 재롱잔치도 한 달 앞둔 상황이라 걱정이 많았지만, 불평 한마디 없이 사랑으로 감당했다.

발표 날, 아이들이 무대 위에서 보여 준 모습은 그야말로 감동 그 자체다. 교사들의 헌신이 얼마나 큰 열매를 맺는지를 보여 준 순간이었다. 성 선생님의 미소를 볼 때마다 '정말 귀하고 고마운 사람'이라는 생각이 든다. 많은 이들이 나에게 말한다. "원장님, 인복이 많으세요."

정말 그렇다. 내가 만난 선생님들은 다 좋은 성품을 가진 훌륭한 분들이다. 그래서 지금까지 이 일을 하며 선생님 때문에 큰 어려움은 없었다. 좋은 분들과 함께함이 감사하다. 성지은 선생님과 같은 분과 함께 일할 수 있음이 내겐 큰 축복이다. 내가 이분을 만난 것이 복이듯, 이분에게도 우리 어린이집과의 인연이 인생의 복된 선물이 되었기를 진심으로 바란다.

3장

어릴 때 함께한 7년,
평생을 좌우한다

꼭 안아 주세요
이럴 땐 어떻게 할까요?
어머님, 3분이면 할 수 있어요
지나친 사랑, 독이 될 수 있다
미디어에 맡긴 양육, 나중엔 돌이킬 수 없다
어릴 때 함께한 7년, 평생을 좌우한다
그래도 사랑한다
토끼보다 못한 모성
내 아이는 내가 키운다
문해력 위기 시대의 자녀교육
말은 씨앗, 심은 대로 거둔다
그럴 수도 있지

꼭 안아 주세요

어린이집 현관, 등원하던 민서가 엄마와 떨어지며 서럽게 울기에 왜 우냐고 물었다.

"자꾸만 안아 달라고 하는데 안아 주지 않아서 울어요!"

"아니, 왜 안 안아 주세요?"

"자꾸 안아 주어 습관 들면 계속 달라붙어 안 돼요."

"그래도 지금 민서가 우니까 한번 꼭 안아 주세요."

엄마를 토닥여 우는 민서를 안아 주게 했더니 아이는 금방 안정되어 밝게 인사하고 들어간다. 아이를 올려보내고 나는 엄마에게 조심스럽게 말했다.

"어머님, 민서 많이 안아 주세요. 가장 좋은 사랑 표현이 꼭 안아 주는 거예요. 안아 주면 안정이 되거든요. 습관이 되면 더 좋아요. 돈 안 들고 크게 힘든 일 아니니 계속 안아 주세요." 민서 엄마는 앞으로 많이 안아 주기로 약속했다.

아이들을 안아 보면 양육자에게 얼마나 안겨 봤는지를 안다. 어떤 아이는 두 팔로 몸을 꼭 감싸 안긴다. 반면 어떤 아이는 몸을 뻣뻣하게 맡긴 채 아무런 반응이 없다. 많은 연구와 사례들을 통해 '포옹'의 중요성을 증명하고 있다. 미국 에모리 대학 연구에 따르면 어릴 적 자주 안긴 아이는 스트레스 조절력이 높고, 정서적 안정감과 대인관계 능력이 뛰어나다고 한다. 유아기 때 부모와 스킨십이 많았던 자녀는 성격이 더 밝고 대인관계에서도 원만한 예도 많다. 꼭 안아 주면서 부드러운 목소리로 '사랑한다'고 말해 주면 아이의 성격 형성과 인격 성장에 깊은 영향을 준다.

한 내적 치유세미나에 참여하여 들었던 이야기가 생각난다. 한 청년이 나와서 자신의 경험을 이야기했다. 그 청년은 지난 회기 이 내적 치유세미나에 참여해서 포옹에 대해 배웠다. 그는 집에 돌아가서 그동안 관계가 완전히 깨어져 말도 하지 않던 아버지를 숙제하듯이 그냥 아무 말하지 않고 꼭 안아 드렸단다.

놀라운 일이 일어났다. 아버지와 아들이 부둥켜안고 펑펑 울었다. 누가 무슨 말을 하지 않아도 다 용서가 되고 관계가 온전히 회복되었다고 했다. "사랑 깊은 포옹은 설명이 필요 없는 치료제다."

우리 어린이집에서도 아침마다 아이들과 함께 모여 노래를 부르고 한 사람씩 돌아가며 "오즐(오늘도 즐겁게), 오잘(오늘도 잘하자), 오행(오늘도 행복하게), 오사(오늘도 사랑해)"하며 서로 꼭 안아 준다.

품에 꼭 안기는 아이들을 보며 나도 매일 감동한다. 전혀 힘들지 않다. 돈은 1원도 안 든다. 그렇다고 시간이 많이 소요되는 것도 아니다. 생각만 바꾸면 된다. 가정에서도 날마다 가족끼리 꼭 안아 준다면 얼마나 따뜻하고 아름다울까?

호주에서 활동 중인 마사지사이자 카운슬러인 제시카는 '포옹치료'로 연간 수천만 원의 수입을 올린다고 한다. 상담하고 치유를 위해서 일정한 보수를 받고 포옹해 주는데 원하는 사람이 매우 많아서 줄을 서서 기다릴 정도란다. 제시카는 "포옹은 긴장을 풀어 주고, 사람들 안의 외로움과 상처를 보듬어 준다"고 말했다.

포옹은 그렇게 말없이도 마음을 나누는 힘이 있다. 가정 안에 가족이 서로 안아 준다면 아마 대부분의 사소한 문제들은 저절로 해결되지 않을까? 남편과 아내, 부모와 자녀, 친구들 간에, 직장에서도 반가운 이들을 만날 때 포옹해 보면 어떨까?

포옹은 단순한 신체 접촉이 아니다. 기쁨을 나누고 아픔을 보듬으며 외로움을 녹이는 가장 인간적인 행동이다. 스트레스 수치는 감소하며, 심장박동과 혈압이 안정된다고 설명한다. 단지 기분 좋은 행위가 아닌, 과학적으로 증명된 치유 행위다. 검색 창에 '포옹'을 쓰고 이미지 검색해 보면 다양한 유형의 포옹 이미지가 나온다. 보는 것만으로도 마음이 따뜻하고 유쾌해진다. 대부분 스포츠 선수들이 승리의 기쁨을 동료 선수와 나누는 포옹이 많이 있지만 사랑하는 연인뿐 아니라 가족들과 함께하는 아름다운 포옹, 동물들의 재미있는 포옹도 볼 수 있다.

세상에 살면서 포옹할 만한 사람이 없다면 얼마나 외로울까? 팔다리 없이 태어난 닉 부이치치의 '허그 캠페인' 영상이 떠오른다. 그는 양팔이 없어도 허그 한다. 거리에 나가 휠체어에 앉아 다가오는 사람들이 안아 주도록 환하게 웃으며 몸을 내어 준다. 많은 이들이 가까이와 안아 주며 함께 우는 것을 보며 감동했다.

2010년에《닉 부이치치 허그: 한계를 뛰어넘다》라는 책에서 이렇게 말한다. "팔이 없어도 나는 껴안을 수 있습니다. 누군가와 포옹할 수 있다는 건, 살아 있는 축복입니다." 아무나와 할 순 없지만 사랑하는 자녀는 반드시 자주 안아 주어야 한다. "자주 안아 주면 습관이 되어 곤란해요"라는 이유로 피하지 말고, 포옹이 좋은 습관이 되도록 해주자. "안아 주세요. 자주, 그리고 깊이."

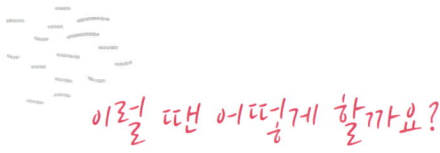
이럴 땐 어떻게 할까요?

"원장님, 이럴 땐 어떻게 하면 좋을까요?"

"누가 똥 쌌어요?"

4세 반 선생님이 똥 기저귀를 밖에 버리려고 내려왔다.

"네, 그런데 집에서 이미 싼 상태로 온 거예요. 그대로 보내셨더라고요."

"아이고, 아이가 얼마나 불편했을까요."

"어머님이 바쁘신지 아이에게 조금 관심이 없는 것 같아요. 매일 키즈노트에 일상과 활동사진을 정성껏 올려도 잘 안 읽으시고, 반응도 없어요."

아이가 등원해 외투를 벗기는 순간부터 냄새가 났다고 했다. 바지를 내려 보니 기저귀에 똥이 가득. 기저귀 매트에 눕혀 갈아 주려 벗겨 보니, 똥이 말라 굳어 엉덩이에 붙어 있었다는 것이다. "똥 쌌으면 엄마한테 말했어야지." 선생님이 말하자, 또박또박 말 잘하는 만 2세 경미가 대답했다. "엄마한테 말했는데, 선생님이 치워 주신다고 했어요."

그 말을 들은 선생님은 울컥한 마음을 감출 수 없었다고 한다. '얼마나 불편했을까?' 그 마음을 꾹 누르며 아이를 정성껏 씻기고 기저귀를 갈아 주었다. 이런 경우엔 어떻게 해야 하냐고 묻는 선생님의 질문에 나는 이렇게 말했다.

"그래도 기저귀 잘 갈아 주셔서 정말 감사해요. 아이를 위해 어머님께 조심스럽게, 꼭 말씀드려 주세요. 아이의 건강이 달린 일이니까요."

엄마가 어떤 반응을 보일지는 알 수 없다. 하지만 아이를 키우는 주 양육자로서 아이에 대한 기본적인 것은 채워 줘야 맞다. 사실 이런 일은 자주 일어나는 일은 아니다. 때로는 너무 바빠서 깜빡할 수도 있음을 안다. 가능한 어쩔 수 없는 상황을 이해하려고 노력한다. 하지만, 이미 싼 지 오래된 똥을 그대로 방치하는 것은 아닌 것 같다. 아이의 건강과 감정을 생각해서 기저귀를 갈고 보내는 것이 좋다.

어떤 경우는 통학 차량 타는데 싼 똥을 그대로 둔 채 태우는 경우도 있다. 차 안의 아이들이 코와 입을 막고 "으악~ 냄새나요!" 하며 찡그릴 때, 옆에 타고 있는 교사는 미안하고 난처해 하루를 무겁게 시작한다.

아이 키우기 유난히 힘들어하시는 어머님이 가끔 있다. 마음은 그렇지 않은데 혼자 감당하기 어려우니 어떻게든 일찍 맡기고, 늦게 데려가고 싶어 한다. 때로는 씻지도 않고, 아무것도 먹이지 않은 채 보낼 때도 있다. 이렇게 온종일 어린이집에 있다가 집에 가면 씻지도 못한 채 곯아떨어진다. 이렇게 중요한 시기에 엄마와 눈도 마주치지 못하고 따뜻한 말을 들을 기회조차 갖지 못하는 아이들이 있다. 언어 발달의 중요한 시기도 놓치고, 엄마와의 긍정적인 애착도 형성되지 못하는 것 같아 마음이 너무 아프다.

아이를 품고 안아주는 따뜻한 손길, 눈을 마주치며 "잘 잤어?", "오늘은 어땠어?" 하고 묻는 한마디가 아이에게는 세상을 견디는 힘이 될 터인데 말이다.

엄마가 있지만, 엄마가 없는 것처럼 자라는 아이들. 주말엔 가정에서 어떻게 지낼지 걱정스럽기만 하다. 다양한 가정의 아이들을 함께 키워 보면 그 아이의 미래 모습이 어렴풋이 그려진다. 사랑받고 자란 아이는 눈빛이 다르다. 마음이 안정되어 있고, 친구를 배려할 줄 안다. 반면, 관심이 부족했던 아이는 작은 일에도 민감하게 반응하고 불안해한다. 아이가 더불어 살아가는 세상에서 사랑받은 기억은 '사회성'이라는 날개를 단다.

나는 어머님들께 조심스럽게 말한다. "사랑받아야 할 결정적 시기에, 사랑을 듬뿍 주세요. 아이를 진심으로 안아 주세요." 그런데 때때로, 내 진심이 잔소리처럼 들릴까 봐 걱정된다. 가끔 간절함은 전해지지 않고, 반응이 시큰둥하기도 하다.

'무엇을 더 도와드릴 수 있을까? 어떻게 하면 우리 진심이 닿을 수 있을까?' 아이를 키우는 하루하루는 단순한 반복이 아니라, 평생의 기초를 쌓는 시간이다. 우리가 할 수 있는 건 오늘도 최선을 다해 아이를 사랑해 주는 일이다. 하지만 부모로서 채워줘야 할 부분이 있기에 부디, 진심으로 말씀드리고 싶다. 엄마와 아빠가 "함께 있어 주는 것" 그것이 아이에게 가장 큰 힘이다. 사랑이 필요한 그 순간에,

어머님, 단 3분이면 할 수 있어요

 점심시간이 지나고 조용해진 오후, 어디선가 날카로운 울음소리가 들렸다. 사무실을 나와 귀 기울여보니 2층에서 나는 소리였다.
 "싫어! 안 잘 거야! 이건 내 거 아니야!"
 살금살금 계단을 올라가 보니, 네 살 반 교실에서 미현이가 낮잠을 거부하며 바닥을 구르고 있었다.
 "선생님, 무슨 일이에요?"
 "미현이가 자기 이불이 아니라며 안 자겠다고 떼를 써요. 어머님께 여러 번 부탁드렸는데도 오늘도 이불이 안 왔어요."
 미현이는 예민하지만 똑똑하고 사랑스러운 아이다. 그런데 낯선 이불이 불편했던 걸까? 꼭 자기 이불이 있어야만 잠을 자는 아이다. 그런데 이불이 오지 않자 큰 소리로 울고, 반 전체가 함께 잠들지 못하는 상황이 반복되고 있었다. 어머님은 "내일은 꼭 챙겨 보낼게요" 하고 웃으며 말씀하셨지만, 다음날도 또 그 다음날도 이불은 오지 않았다. 키즈노트로 알림을 보내도 읽지 않고, 교사들이 등원할 때 직접 말씀드려도 "내일은 꼭 보낼게요" 하면서도 깜빡 잊으셨나 보다.

이불뿐 아니라 여러 준비물도 자주 놓치신다. 야외 학습 안내를 해도 도시락과 간식을 종종 챙겨 오지 않는다. 숲 체험에 운동화를 신고 오라는 요청에도 아이는 늘 크록스를 신고 온다. 어린이날 선물로 준비한 예쁜 간식 꾸러미도, 연휴 뒤 그대로 가방에 들어 있었다.

미현이는 밝고 감수성이 풍부한 아이지만, 준비가 부족한 상황은 아이에게 혼란과 위기감을 줄 수 있다. 아이가 지금은 어리니 잘 몰라서 울고 떼쓰는 것으로 넘어가지만, 학년이 올라가고 초등학교에 들어가면 친구들과 비교되며 위축되지 않을까 걱정된다. 활동 준비가 안 되면 참여가 어렵고, 자존감에도 영향을 줄 수 있기 때문이다.

아이에게 관심을 주지 않으면 그 무게가 고스란히 선생님들의 몫이 된다. 아이를 위해 준비물을 챙기고, 부족한 부분을 메우고, 울고 있는 아이를 달래며 다른 아이들에게 미안해한다. "작은 관심 하나가, 한 아이의 전 생애를 바꾼다"(마리아 몬테소리)는 말이 생각난다.

아이를 키우는 일은 때로 큰 결심이 아닌, 작은 실천에서 시작된다. 아침에 단 3분, 오늘 아이에게 필요한 게 무엇인지 살펴보는 그 시간, 그것만으로도 아이는 훨씬 편안하고 자신감 있게 하루를 살아 낼 수 있다. 가끔 길에서 마주칠 때 반갑게 웃어 주시는 그 모습을 볼 때 이 따뜻한 마음이라면 작은 실천도 가능할 거라 믿는다. 그래서 마음을 담아 이렇게 말씀드리고 싶다. "어머님, 3분만 시간 내 주세요. 오늘 내 아이에게 필요한 것이 뭔지 한 번만 돌아봐 주세요."

손흥민 선수의 아버지 손웅정님의 말처럼, "큰 부모는 작게 될 자식도 크게 키우고, 작은 부모는 크게 될 자식도 작게 밖에 키우지 못한다." 아이의 그릇을 키우려면, 어른이 먼저 그릇을 키워야 한다. 결국 아이는 부모의 그릇만큼 자란다. 관심받고 존중받으며 자라는 아이는 안정적이고, 스스로를 믿으며 자신감 있게 성장한다. 반대로 기본적인 준비조차 받지 못하는 아이는 점점 움츠러든다.

아이를 키우는 일은 결국 우리 어른이 얼마나 '크게' 마음을 품고 행동하는가에 달려 있다. 우리 선생님들은 오늘도 아이 한 명 한 명을 품고, 눈높이를 맞추며 최선을 다해 사랑으로 품는다. 아이들은 사랑받은 만큼, 존중받은 만큼 그렇게 자란다 부모님의 작은 관심이 더해진다면, 아이는 더욱 건강하고 밝게 자라날 것이다. "어머님, 단 3분이면 충분합니다." 오늘 그 3분의 따뜻한 시선이 아이의 마음에 평생 잊지 못할 사랑으로 남을 것이다.

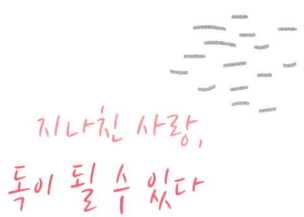
지나친 사랑,
독이 될 수 있다

"원장님! 지원이 아빠가 우리 딸이 예쁘다고 말 안 해 줘서 섭섭하대요."

아이를 데리고 온 어머님이 전하는 말에 웃음이 났다. 나는 지원이를 "귀엽다"고 했는데, 아빠는 "예쁘다"고 말해 줘야 만족했나 보다. 기준이 뭐든, 문제는 '지나친 사랑'이다. 이 가정의 자녀 사랑은 유별을 넘어 과잉보호의 수준이다. 다섯 살 지원이는 혼자 하려는 시도가 거의 없다. 부모가 뭐든 다 해 주니 자립심이 생길 틈이 없다. 특히 엄마, 아빠는 지원이가 조금만 울거나 징징거리면 즉시 반응해 모든 걸 해결해 준다.

가정방문했을 때 그 이유를 알 수 있었다. 작고 아늑한 아파트는 지원이를 위해 완벽하게 리모델링되어 있었다. 화장실 바닥에는 혹시 넘어져도 다칠 염려 없게 매트를 깔았고, 가구는 모두 모서리를 둥글게 처리해 위험을 차단했다. 지원이가 움직이는 모든 동선에는 어떤 장애물도 없었다. 그 정성과 노력이 참 고마우면서도 한편으론 걱정스러웠다. 이렇게 키운 아이가 위험이 가득한 세상과 어떻게 부딪치며 자랄 수 있을까?

어린이집 생활도 마찬가지다. 친구와 장난감 문제로 갈등이 생기면 무조건 울어 버린다. 선생님이 달려가 도와줄 때까지 눈물을 그치지 않는다. 그 모습에 친구들은 귀를 막고, 선생님은 아이를 쫓아다니느라 진이 빠진다. 나는 부모 상담을 요청했다.

"지원이는 계속 성장해 가며 언젠가는 부모님을 떠나기에 아이 스스로 해야 할 일들이 많아집니다. 지원이를 위해서라도 독립심을 길러 주세요."

하지만 부모님의 대답은 단호했다. "너무 소중해서 힘든 걸 그냥 둘 수 없어요."

결국 지원이는 부모의 과잉보호 속에 어린이집을 마치고 초등학교에 진학했다. 당연히 학교생활에 적응하지 못해 힘들어했다. 친구들과 어울리지 못하고 작은 일에도 혼자 해결하지 못해 울기 일쑤였다. 며칠 뒤, 어머님이 찾아와 말했다.

"원장님 말씀이 맞았어요. 우리는 사랑한다고 했는데, 그 사랑이 지나쳐서 결국 아이를 힘들게 했네요."

그 순간이 이 가정의 전환점이 되었다. 이후 어머님은 담임선생님과 꾸준히 소통하며 지원이를 돕기 시작했다. 그리고 놀랍게도 둘째를 임신하고, 아들 지훈이를 낳은 후 처음부터 독립적으로 키우겠다고 다짐하셨다. 첫 아이의 경험이 있었기에 가능한 변화였다. 사실 보호하고 돌보는 것은 부모의 당연한 본능이다. 하지만 도와주는 것과 대신해 주는 것은 다르다. 피터 드러커의 《자녀 교육 노트》를 보면 "사랑은 자녀를 자유롭게 하되, 책임을 배우게 한다"는 글이 있다.

어릴 때부터 모든 걸 대신해 주면, 아이는 시도도 하지 않고 기다리기만 하며 의존하는 아이'로 자라게 된다. 가정과 어린이집이 소통하며 일관된 양육 방향을 유지해야 아이가 안정적으로 잘 자란다. 작은 성취에도 칭찬해 주고, 기다려 주며, 스스로 선택할 기회를 자주 주는 것이 아이를 건강하게 키우는 길이다.

부모님과 교사가 같은 방향을 바라볼 때, 아이는 비로소 '독립'이라는 선물을 얻게 된다. 우리는 오늘도 함께 고민하고 기도하며, 아이가 스스로 자라나는 힘을 기르도록 응원하고 있다. "마땅히 행할 길을 아이에게 가르치라 그리하면 늙어도 그것을 떠나지 아니하리라"(잠언 22:6).

미디어에 맡긴 양육, 나중엔 돌이킬 수 없다

　회의를 마치고 식당에 들어섰는데 자리가 없어 2층으로 안내받았다. 에어컨을 켜도 쉽게 시원해지지 않아, 손부채로 바람을 일으키며 자리에 앉았다. 우리 옆 테이블에 젊은 부부가 두 아들과 함께 앉아 있다. 큰아이는 세 돌쯤, 둘째는 이제 막 돌이 지난 듯했다. 부모는 교양 있어 보였고, 아이들에게도 다정했다. 보기 좋은 가족이었다.

　그런데 음식을 기다리는 동안 그들의 식사 방식에 시선이 머물렀다. 엄마는 큰아이에게, 아빠는 둘째에게 영상을 보여주고 있었다. 큰아이는 스마트폰에, 둘째는 태블릿 PC에 시선을 고정한 채 마치 로봇처럼 입을 벌려 밥을 받아먹기만 한다. 이따금 입을 열지만, 몇 번 후엔 먹는 것조차 거부하며 고개를 젓는다. 부모는 당연하다는 듯 영상을 보게 하고, 둘이 마주 보고 식사한다.

　순간 마음이 불편해졌다. '영상에 빠진 아이들, 정말 괜찮은

걸까?' 지금은 편할지 모르지만, 이렇게 자란 아이들의 미래는 어쩌면 더 힘들지 않을까 걱정됐다. 바쁜 부모들은 아이가 조용히 있으니 편하다는 이유로, 혹은 아이가 울며 떼를 쓰기 때문에 스마트폰이나 태블릿을 손에 쥐어 준다. 그렇게 시작된 습관은 깊어지고, 아이들은 점차 말보다 화면에 길들여져 간다.

결국 친구들과 어울리는 데 어려움을 겪는 아이들이 늘고 있다. 선생님들 사이에서도 "아이들의 언어 발달이 느려지고, 또래와의 놀이가 잘 안 된다"는 우려의 목소리가 많다. 울음으로 표현하거나 신체적 다툼으로 이어지는 경우도 적지 않다.

실제로 동탄성심병원 김성구 교수팀의 연구에 따르면, '사회성 발달 지연'으로 치료받는 소아의 96%가 만 2세 이전부터 미디어에 과도하게 노출된 이력이 있다고 한다. 김 교수는 "이 시기는 뇌 발달이 급격히 이루어지는 민감기인데, 이 시기에 사람과의 상호작용이 아닌 영상에 노출되면 창의력, 감정 조절, 언어 능력이 제한된다"고 강조했다.

특히 식사 시간에 영상으로 주의를 끌어 아이를 먹이는 습관은 언어 발달, 감각 자극, 부모와의 유대 형성에 큰 손해를 끼친다. 식사 시간은 단순한 끼니를 넘어서 아이와 교감하고, 언어와 사회성을 키우는 소중한 시간이다. 이 시간을 영상에 맡겨 버리는 것은 너무 값진 것을 잃는 일이다. 아이는 말수가 줄고 공감 능력이 퇴화하며 감정을 조절하는 법을 배울 기회를 놓치게 된다.

대한소아청소년과학회 발달위원회에 따르면 "디지털 매체에 과도하게 몰입되면 사람의 표정을 읽고 감정을 파악하는 능력이 떨어지고, 사회적 유대감 형성도 어렵다"고 말한다. 부모와의 스킨십과 정서적 교감은 두뇌 발달과 인격 형성의 중요한 기반이 되는데, 영상은 이 시간을 빼앗는다.

요즘 길에서 만나는 대부분의 초등학생 아이들이 스마트폰을 보며 걷는다. 심지어 놀이터에서도 신체적인 움직임으로 놀기보단 바닥에 앉아 게임하는 모습이 더 많다. 초등학교 입학하면 자신의 핸드폰이 생겨 제재받지 않고 더 많은 시간에 게임이나 영상시청으로 집중하는 경향이 있다.

영상의 유익한 점도 분명 있다. 정보를 얻고 소통하는 데 도움을 줄 수 있다. 그러나 영유아기에 필요한 것은 '편리한 대체물'이 아니라 '살아 있는 사람과의 관계'다. 우리 부모 세대는 "지금 편한 걸 선택하면, 나중에 후회하게 된다"는 진리를 다시금 되새겨야 한다. 부모의 선택은 아이들의 성장을 결정짓는다.

아이들이 건강하고 튼튼한 사회 구성원으로 자라나길 바란다면, 오늘부터라도 식탁에서, 놀이터에서 스마트폰 대신 부모의 손과 눈빛이 있어야 한다. 우리 아이들은 말로 가르친 대로 자라는 것이 아니라 삶으로 보여주는 대로 자란다.

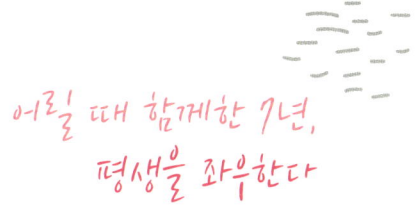

"원장님! 저는 아이들과 지내는 주말이 너무 무서워요!"

한 어머님이 조심스럽게 털어놓으신 말이다.

"뭐가 가장 힘드세요?"

"전부 다요! 끼니마다 챙겨서 먹이는 것, 아이가 소리 지르며 시끄럽게 구는 것, 말 안 듣고 집안 어질러 놓는 것 등 다 힘들어요!"

아이 키우기 힘들어하는 어머니의 호소다! 주중에는 어린이집에서 하루 종일 돌봐주니 큰 어려움이 없으나 주말이 되면 더럭 겁이 난다고 불편한 심정을 털어놓는다. 하루 종일 아이와 지내야 한다는 부담, 어떻게 놀아 줘야 할지 막막하다고 느끼는 불안이 어머니를 지치게 하는지도 모른다. 대부분의 어머니들은 행복한 육아를 하지만, 몇몇 어머니는 아이들 키우기 쉽지 않다며 어려워한다.

그런 어머니는 이른 아침, 어린이집 문 열자마자 잠에서 깨어난 아이를 세수도 안 하고 머리도 빗지 않고 물론 먹이지도 않고 데려와 맡기기 일쑤다. 이런 가정의 아이들은 저녁에 엄마가 데리러 오면 반가워서 뛰어나가는 것이 아니라 가기 싫다고 선생님에게 안긴다. 거의 모든 친구가 집으로 가는 시간을 좋아하지만, 몇몇의 아이들은 극도의 불안 증세를 보이며 집을 싫어한다. 심지어 주말 지내고 오면 아이들이 초췌해지고 안정이 안 되는 경우도 있다.

우리 선생님들은 전문성과 사랑의 손길로 척척 씻기고 머리 묶어 주고 놀아주며 다양한 활동을 함께하기에 큰 어려움이 없지만, 주말이나 방학처럼 온전히 부모가 함께 있어야 하는 시간은 부담으로 다가오기도 한다.

그럴 때마다 마음속에서 떠오르는 글이 있다. "처음 7년, 평생을 좌우한다." 아이의 인성과 정서, 사회성과 자기 조절력은 생애 초기에 결정적인 기반이 잡힌다. 부모와 보내는 이 시기의 애착이 아이의 세계관을 형성하고, 세상을 바라보는 눈을 정한다.

30여 년 어린이집을 운영하며 많은 가정을 만났고 수많은 아이를 키웠다. 어떤 가정은 아이의 눈빛만 봐도 안심이 되고 기대가 되고 절로 미소가 지어지는 가정이 있는가 하면, 어떤 가정은 아이들의 미래가 불안하고 안타깝고 걱정스러운 마음이 들기도 한다. 주변에서 커가는 아이들을 보면 환경과 부모의 관심이 아이들의 성장에 얼마나 중요한지 거듭 실감한다.

아이들은 모두 같은 활동을 하더라도 가정에서 받은 사랑과 존중의 깊이에 따라 다르게 반응한다. 기쁨을 잘 표현하고 친구를 배려하는 아이도 있고, 쉽게 삐지고 자신을 표현하지 못하는 아이도 있다.

나도 아이를 키울 때 어떻게 해야 잘 키우는지 모르고 자녀들을 키웠다. 돌아보면 참 무식하고 용감한 엄마였던 것 같다. 다행히 잘 자라서 저들의 가정을 이루어 또 자녀를 낳고 키우는 것이 꿈만 같고 기적 같다.

아이들이 어린이집에서 똑같이 활동해도 흡수하는 것은 각기 다르다. 결국 가정환경, 부모와의 관계, 기존에 경험했던 것들이 많은 영향을 주는 것을 본다. 부모의 사랑과 관심과 존중을 받으며 자란 자녀들은 여러 가지 면에서 건강하고 안정적인 정서를 가지고 있다. 뭘 해도 자신감 있고 적극적이고 밝고 긍정적인 경우가 많다. 담임교사가 무슨 활동을 전개해도 열심히 참여하고 좋은 성과도 낸다.

하지만 그렇지 못한 경우엔 굉장히 소극적으로 참여하고 불평하고 작은 일에도 삐치며 분위기를 우울하게 만든다. 결국 재미도 없고 좋은 결과도 얻지 못한다. 이러한 태도는 어떤 특별한 기회가 없는 한 그대로 이어져 초등학교에도 연결되고 청소년기 역시 그렇게 지내게 된다. 참 안타까운 현실에 마음이 무겁다.

지금 어린 자녀를 키우는 부모가 이 사실을 인식하고 인생에서 매우 중요한 결정적 시기에 관심과 사랑을 듬뿍 준다면 얼마나 좋을까? 당장은 힘들 수 있지만 지금 힘든 것이 평생을 좌우하는 위대한 과업이기에 마땅한 투자요 값진 헌신이라 분명히 믿는다. 지금 줘야 할 사랑을 주지 못하고 중요한 시기를 다 놓치고 말면 당장 편할지 몰라도 평생을 아이와 함께 고통을 겪을 수도 있다.

뭔가 대단한 것이 아니다. 아주 기본적인 관심과 사랑과 존중이 필요하다. 자녀 양육은 그저 한 사람의 독립적인 개체로 스스로 살아갈 수 있는 기본기를 갖추게 하는 것이다. 언젠가는 부모를 떠나 독립적인 존재로 살아가야 하므로 그걸 준비해 주면 된다. 옆에서 지켜봐 주고 관찰하고 필요할 때 도움을 주는 것이다.

어린 시절엔 자율적으로 많이 놀아야 한다. 친구들과 놀면서 경험한 것들이 세상을 바라보는 관점이 되고, 인간관계의 틀을 잡으며, 창의적이고 합리적인 생각과 선택을 할 수 있게 된다. 영유아기 시절은 생각처럼 그리 길지 않다. 잠깐 지나간다. 다시 돌아올 수 없다. 어린이집을 졸업한 친구들이 어느새 청소년이 되고 군 입대를 한다. 그 시절이 언제인지 까마득하게 잊는다. 모든 것이 형성되는 이때를 놓치지 말고 집중해서 도와주면 아이는 주도적으로 자신을 관리하는 행복한 독립체로 성장하여 제 몫을 하게 된다.

　억지로 힘겹게 감당하는 육아가 아닌 행복한 육아를 할 수 있다면 얼마나 좋을까? 이왕 시간과 에너지를 들인다면 힘든 시간이 아니라, 놀이하며 즐기는 기회로 만들 수는 없을까? 어린이집을 운영하며 늘 고민하는 부분이다. 우리 부모님들이 아이들과 잘 교감하며 행복한 시기를 보내 주시길 간절히 바란다. 뭔가 지나치게 잘해 주기보다 아이의 있는 모습 그대로 존중하고 그냥 사랑을 주는 것이다.

　같이 놀아 주고 함께 뒹굴며 이야기를 들어 주고 안아주며 수시로 사랑한다고 말해 주라. 뭘 했으면 좋은지 물어봐 주고, 뭐가 먹고 싶은지도 관심 가져 준다. 어떨 때가 신나는지도 알아보고 함께 있어 주면 된다. 집안이 엉망진창으로 어질러진다 한들 어떠랴. 아이를 키울 때는 모든 것이 반듯하게 제자리에 정리되지 않아도 다 괜찮다. 정 아이를 보기 힘들 땐 아무 것도 안 해도 그저 아이가 노는 것을 지켜만 보아도 좋다. 아이들에겐 집안의 모든 물건이 놀이터고 교구가 될 수 있다. 책을 보거나 만지고 놀 수 있는 자료를 집안에 비치해 주면 더 좋다.

　차를 타거나 어딘가 방문해서 조용히 있어야 할 자리에 간다면 핸드폰을 줘서 미디어에 노출되는 것보다는 손으로 가지고 놀 수 있는 것을 준비하면 좋다. 가방 하나에 스케치북, 색연필, 색종이, 가위, 테이프, 스티커, 클레이 등 전용가방 하나 만들어 외출 시 들고 나가면 어디서든 잘 놀게 된다. 소근육 발달도 좋고 창의력 사고에도 도움이 된다. 집중해서 놀거리가 있으면 심심해하지 않고 떼쓰지 않는다. 한두 번씩 칭찬해 주면 더욱 좋다. 작은 작품이라도 집 곳곳에 걸어두고 방문하는 이들에게 보여주고 소개해 주면 으쓱해져서 점점 더 잘하게 된다.

아기 낳고 좀 힘들더라도 최소 7년만 사랑으로 최선을 다하면 아이와 함께 평생 조화롭게 지낼 수 있다. 하지만 이 7년조차 투자하지 않으면 사는 내내 틀어진 관계로 힘들게 지낼 수도 있다. 우리 아이의 모든 것이 형성되는 이 시기를 놓치지 말고, 가장 좋은 부모의 사랑으로 잘 키워 행복한 성장을 이루기를 응원한다. 한번 지나간 시기는 다시 돌이킬 수 없다.

모든 어머니가 날마다 아이와 신나게 즐기며 아이 키우는 놀이로 행복한 양육자가 되었으면 좋겠다. 이 땅의 모든 아이가 부모의 사랑과 관심과 존중을 받으며 해맑게 웃으면 세상이 환하게 밝아지지 않을까? "아이에게 줄 수 있는 가장 큰 유산은 사랑과 함께한 시간이다"(칼 융).

그래도 사랑한다

　벚꽃이 만개한 볕이 좋은 봄날, 6세 링컨반 친구들과 함께 벚꽃 구경을 가기로 했다. 내가 직접 노란 통학버스를 몰고 아이들을 태웠지만, 담임선생님이 내려오지 않아 조급한 마음이 들었다. "빵빵~" 클랙슨을 눌러도 감감무소식이다. 답답한 마음에 차에서 내려 어린이집 안으로 들어가 보니 선생님이 덩치가 큰 한 아이를 안고 무겁게 계단을 내려오고 있었다.
　"무슨 일이 있었어요?"
　"기분 나쁘다며 가기 싫다고 버티네요. 가끔 이런 일이 있어요."
　"준석아, 친구들 다 같이 벚꽃 구경 가는데 넌 안 갈 거야?"
준석이는 고개를 저었다. 나는 선생님에게 눈짓으로 '우선 가자'는 신호를 보내고, 아이를 남겨두고 다른 친구들을 먼저 공원에 데려다 주었다.
　0세 반 선생님에게 전화해 현관 로비에 있는 아이를 잠시 돌봐 달라고 부탁했고, 공원에서 돌아와 다시 준석이를 데리러 갔다. "지금 안 가면 아기 반에서 친구들이 올 때까지 기다려야 해. 같이 갈래?" 그제야 고개를 끄덕이며 따라나섰다. 공원에 도착해서는 아무 일 없던 것처럼 환히 웃으며 잘 놀았다. 친구들을 방해하고 빼앗고 싸운 기억은 하나도 없다.

이럴 때 참 난감하다. 차 안에는 이미 많은 친구가 기다리고 있는데, 한 아이의 고집을 끝까지 들어줄 수도 없고, 그렇다고 모른 체하고 둘 수도 없다. 아무리 달래도 듣지 않고, 제 고집만 부리는 아이 앞에서 담임은 진이 다 빠진다. 가끔 부모에게 이런 상황을 말씀드리면 아무렇지도 않게 "그냥 두세요" 하고 만다. 한두 시간씩 울며 떼쓰는 게 기본이라고 한다. 집에서는 기다려 줄 수도 있지만 어린이집에선 한 아이에게 일과 계획을 맞춰 줄 수 없기에 안타깝다.

준석이의 담임선생님은 이럴 땐 하루가 전쟁 같다고 한다. 친구 장난감을 빼앗고, 친구들이 쌓아 놓은 블록을 발로 차기도 하고 안 된다고 제지하면 큰 소리로 울고 바닥을 뒹굴고, 괴성을 지른단다. 수업을 방해하는 소리도 지르고, 다른 친구들이 귀를 막고 "조용히 해"라고 해도 듣지 않는다.

문제는, 어떤 방법도 통하지 않는다는 것이다. 그리고 우리는 손을 쓸 수 없다는 것. CCTV가 모든 공간을 기록하고 저장한다.

제지하느라 팔만 조금 세게 잡아도 '아동학대'로 해석될 수 있는 현장에서 교사는 말 그대로 속이 타들어 간다. 그 아이만의 문제가 아닌 한 교실에서 활동하는 아이들에게 피해를 주는 까닭에 마음이 아프고 어려움이 많다.

아이가 집에서 무언가 힘든 일이 있었던 것은 아닐까? 괜스레 친구가 미워지고 화난 마음으로 친구들 노는 것을 방해하며 화풀이하고 싶었던 것은 아닌가? "상처받은 아이는 상처 주는 법을 먼저 배우고, 사랑받은 아이는 사랑하는 법을 먼저 배운다"는 격언이 생각난다. 아이의 감정을 받아주며 반 전체의 흐름을 동시에 돌본다는 건 결코 쉬운 일이 아니다.

하지만 우리는 그 아이의 행동 뒤에 말하지 못하는 사연이 있음을 안다. 아이들 대부분은 가정의 어려움을 품고 온다. 아이도 가정의 분위기를 읽고 파악한다. 아이들의 정서와 심리는 가정에서 비롯된다는 사실을 부정할 수 없다. 아이의 행동 너머에 그 늘진 마음이 있다는 걸 느낄 때마다 우리는 더 조심스러워진다. 《화내지 않고 훈육하는 법》을 보면 "행동에는 이유가 있다. 그 아이가 표현하지 못한 감정이 행동이 되어 나타날 뿐이다"(Dr. Ross Greene)라는 글이 있다.

벚꽃이 흐드러진 공원에 있어도 마음은 무겁다. '친구를 생각하고 배려하지 않고 내 기분 내키는 대로만' 하는 모습을 보며 마음이 아프다. 그래도 이 일을 계속하는 이유는, 이 아이들이 우리의 사랑을 필요로 하기 때문이다. 지금 당장은 힘들고 속상해도, 조금씩 달라지고 다듬어지며 반듯한 사람으로 성장함을 기대하기 때문이다. 오늘도 선생님들과 마음을 모은다. "그래도 사랑하자. 우리는 포기하지 말자."

토끼보다 못한 모성

"어머님, 내일은 체험학습 나가는 날이에요. 늦어도 9시 40분까지 꼭 등원시켜 주세요."

주성이 담임선생님은 외부 활동이 있는 날이면 꼭 어머님께 이렇게 당부한다. 주성이는 등원 시간이 늘 들쭉날쭉하다. 아이들이 보통 8시 30분에서 10시 사이에 등원하지만, 주성이는 정해진 시간이 없다. 어떤 날은 점심시간이 지나 도착하기도 한다.

어머님은 "아이가 늦잠을 자서요"라고 말하지만, 주성이 말은 다르다. "전 일찍 일어났는데, 우리 엄마가 안 일어나요." 누구의 말이 맞는지는 알 수 없지만, 주성이 누나 주민이를 보면 짐작할 수 있다. 주민이는 초등학교 3학년이다. 등굣길에 자주 마주치는데, 힘없이 터벅터벅 걷는 모습이 안쓰럽다. 단정하지 못한 옷차림과 어설픈 머리 모양, 먹지 못하고 나선 듯한 표정이 마음에 걸린다. "주민아, 안녕? 학교 잘 갔다 와" 하고 말을 건네면 그저 고개만 까딱할 뿐이다.

　엄마가 밤에 어떤 일을 하는지는 모른다. 다만 아이들의 생활이 전반적으로 불규칙해 보인다. 다음 해엔 주성이도 초등학교에 입학한다. 그런데 두 남매 모두 가족과 함께 지내고 있음에도 돌봄이 부족해 보인다.

　출근길에 늘 마주치는 또 다른 모녀가 있다. 긴 머리를 예쁘게 땋고 걷는 초등학생 딸과 경쾌하게 대화를 나누는 젊은 엄마. 두 사람의 발걸음엔 생기가 있다. 딸은 학교에 들어가면서도 신나 있고, 엄마는 그 모습을 사랑스럽게 지켜본다. 아마 교문 앞까지 함께 갔다가 손을 흔들며 배웅할 것이다. 그 하루가 얼마나 따뜻할까.

　유아기에 엄마와의 애착 관계가 잘 형성된 아이들은 확실히 다르다. 자신감이 넘치고, 새로운 환경에도 긍정적이다. 양육자가 안정감 있게 돌봐줄 때 아이들은 건강하게 성장한다.

　20여 년 전에 마당에서 토끼를 기른 적이 있다. 눈이 많이 내린 겨울 새벽, 새벽기도를 다녀왔는데 토끼장 안이 이상하다. 하얀 토끼가 있어야 하는데 붉은 토끼가 있는 것이다. 깜짝 놀라 자세히 들여다보니 어미 토끼가 새끼를 낳으며 자기 몸의 털을 다 뽑아 추운 날씨에 새끼를 보호하고 있는 것이었다.

　우리는 경험이 없어 임신한 토끼가 겨울에 출산할 때 따뜻하게 보온해 줘야 함을 몰랐다. 토끼는 자신의 털을 뽑아 갓 낳은 새끼들을 감싸서 추위로부터 지켜 준 것이다. 자기 털을 다 뽑아낸 엄마 토끼는 얼마나 추웠을까? 우리의 무지를 자책하며 얼른 이불로 토끼장을 덮어 주었다. 토끼장 앞에서 토끼의 모성애에 감동하며 미안해서 눈물 흘렸던 기억이 난다. 그때 모성애란 본능을 넘어선 책임이자 사랑이라는 것을 느꼈다.

어린이집에서 아이들과 함께하며 다양한 가정과 부모님을 만난다. 그런데 부모들은 모두 '우리 자녀가 행복하기를, 학교에서 공부도 잘하기를, 항상 건강하기를, 친구들과 원만하게 잘 지내기를' 바란다. 간절히 바라고 생각만 한다고 해서 그렇게 될까? 그럴 수 없다. 아이가 양육자의 어떤 돌봄을 통해 자라는가에 따라 전혀 다른 결과를 가져온다. 부모로서 자녀에게 줄 사랑은 때에 맞게 주지 않으면서 많은 것을 기대하고 바란다면 그것은 잘못된 계산법이다.

다음날, 주성이는 결국 시간 내에 오지 않아서 모두가 차를 타고 주성이가 올 때까지 기다려야 했다. 예정된 시간에 출발해야 시간에 쫓기지 않고 놀이를 즐길 텐데 어머님은 전화도 안 받는다. 그렇다고 그냥 출발하기도 어려워 마음이 무거웠다. 10분이 지나 더 이상 기다리는 것은 무리일 것 같아 출발했는데 주성이와 어머님이 멀리서 헐레벌떡 뛰어왔다. 차에 올라탄 주성이에게 아이들이 아우성이다. "야~! 너 때문에 우리 차가 못 가잖아! 늦게 가면 많이 못 놀아" 하는데 주성이는 큰 눈만 껌뻑거린다.

어머님께 문자를 보냈다. "어머님! 이렇게 늦으면 아이들이 많이 기다리고 결국 놀이 시간도 줄어요. 죄송한데 다음엔 기다리지 않고 출발할게요"라고 썼다가 행여 마음 상할까 지우고 "어머님! 다음엔 꼭 시간 맞춰 보내 주세요" 이렇게 보냈다.

주성이에게 물어보니 엄마를 아무리 흔들어 깨워도 안 일어나셨다고 한다. 일하는 엄마도 아니고 몸이 아픈 분도 아닌데 왜 그러실까? 때론 걱정도 되고 안쓰럽다. 아이에게 가장 기본적인 시간 약속 지키는 것조차 삶에서 안 보여주니 마음이 아프다.

'부모는 자녀에게 세상의 첫 번째 거울'(루이스 L 헤이)이라고 한다. 머지않아 초등학교 입학도 해야 하는데 주성이에게 엄마 역할을 잘해야 밝고 건강하게 성장할 텐데 어쩌면 좋을까? 나는 원장으로서 이런 엄마를 어떻게 도와줄 수 있을까? 어린아이가 다 큰 어른 엄마를 신경 써야 하니 안타깝다.

어려서부터 아이가 자라는 환경이 이렇게 다르니 학령기, 청소년기, 어른이 되어서도 비교할 수 없을 만큼 차이가 나게 되는 것은 당연하다. 부모의 기본적인 자질을 위해 제도적으로 교육하고, 엄마 자격증, 아빠 자격증을 받게 하면 어떨까? 출생 신고할 때 필수교육으로 말이다.

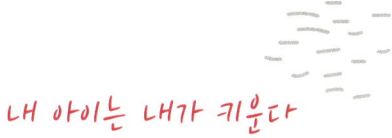

내 아이는 내가 키운다

　오늘은 어떤 일이 있어도 매사에 '그럴 수도 있지' 하고 이해하며, 기쁘게 하루를 시작하자고 마음을 다잡고 출근했다. 하지만 어린이집 현장에서 마주친 몇몇 부모님의 모습에 문득 마음이 무거워졌다. 내 아이가 소중하지 않은 부모는 없다. 그럼에도 너무 힘들고 벅차다는 이유로 아이를 전적으로 어린이집에 맡기려는 모습을 볼 때면, 부모와 아이가 함께해야 할 '가장 중요한 시간'이 떠올라 마음이 아려온다.

　여름철 어린이집은 1~2주의 '가정학습 기간'을 운영한다. 이 기간은 아이들과 교사 모두에게 숨 고르기와 재충전의 시간이다. 물론 보육이 꼭 필요한 가정을 위해 당직 교사들이 근무하지만, 많은 가정에서 이 시간을 소중히 여겨 연차를 쓰거나 일정을 조율해 아이와 함께 보내려 애쓴다.

　하지만 일부 부모님은 방학 없이 아이를 매일 등원시키겠다고 말하며, "집에선 아이를 감당할 수 없어요", "우리 아이가 선생님을 너무 좋아해서요", "살려주세요" 같은 말을 하신다. 그 말에는 분명 지치고 힘든 현실이 녹아 있기에 충분히 공감되지만, 동시에 아이에게 꼭 필요한 '부모와의 시간'을 놓치고 있다는 아쉬움도 함께 밀려온다.

아이에게 가장 큰 힘이 되는 것은 아주 소소한 순간들이다. 함께 눈을 맞추고, 따뜻한 말 한마디를 건네고, 포근히 안아주는 그 짧은 시간들. 이런 순간들은 단순한 애정 표현을 넘어, 아이의 뇌에 '사랑받은 기억'으로 깊이 저장되어 자신감과 사회성, 정서 발달의 토대가 된다.

아무리 바쁘고 지쳐 있어도 하루 중 잠깐이라도 아이와 마주 앉아 대화하고, 눈을 마주치며 놀아주는 시간이 꼭 필요하다.

'엄마가 필요할 때 엄마가 없는 시간'은 아이에게 평생 지워지지 않는 빈칸이 될 수 있다.

이 시기를 놓치고 나면 나중에 아무리 돌이키고 싶어도 되돌릴 수 없다. 그래서 우리는 매일 아이를 품고, 눈높이를 맞추며 최선을 다한다. 영아 보육은 단순한 업무가 아니라, 전 인격을 다해 한 아이를 온전히 안아 주는 일이다. 특히 24개월 미만의 아기들은 먹이고, 안고, 재우고, 기저귀를 갈고, 끊임없는 손길이 필요하다. 하루에도 여러 번 토하거나 고열에 시달리는 경우도 있어, 더욱 세심한 보살핌이 절실하다.

부모님은 한두 아이를 돌보며 힘들어하신다. 그런데 교사들은 여러 아이를 돌보며 체력적으로나 심리적으로도 금세 지치기 쉽다. 사랑만으로는 부족하다. 체력, 책임감, 전문성, 그리고 무엇보다 '아이를 진심으로 사랑하는 마음'이 있어야 가능한 일이다.

누군가 이렇게 말한다. "보육 교사의 기본 자질은 튼튼, 싹싹, 빠릿빠릿." 현장에서 일하는 교사라면 누구나 깊이 공감하는 말이다. 하지만 때로 부모님의 무관심은 우리의 마음을 무겁게 한다. 하루 3분만 시간을 들이면 챙길 수 있는 준비물을 놓치고, 공지 사항을 읽지 않으며, 교사의 노고를 이해해 주지 않을 때 우리는 안타까운 마음으로 아이를 바라본다.

아이 자체는 똘똘하고 밝은데, 뒷받침이 없어 아쉽기만 하다. 가정에서도 조금만 관심을 가져 주신다면 아이는 훨씬 더 건강하고 안정적으로 자랄 수 있다. 정서적 안정은 영유아기에 형성되는 '애착'에서 비롯된다.

심리학자 해리 할로우의 '아기 원숭이 실험'은 이를 잘 보여 준다. 먹이를 주는 철사 인형보다, 먹이를 주지 않아도 포근한 천으로 덮인 인형 원숭이를 더 따랐다. 아이에게도 마찬가지다. 따뜻한 품은 그 어떤 장난감이나 교사도 대신할 수 없는 보금자리다. 엄마의 품은 아이의 뇌, 특히 감정 기억을 관장하는 편도체에 '안정감'으로 저장된다. 이 기억이 쌓여 아이는 세상을 믿고, 사람을 신뢰하며 살아가게 된다.

사랑을 가장 많이 줄 수 있는 사람은 결국 부모다. 교사는 최선을 다해 아이를 돌보고 품지만, 부모와 함께 보내는 시간은 반드시 확보되어야 할 '필수 영양소'같은 것이다. 성장과 발달을 결정짓는 이 결정적인 시기를 놓친다면, 개인적으로도 사회적으로도 너무나 큰 손실이 된다. 어릴수록 함께하는 시간이 중요하다.

그 시간이 곧, 아이의 평생 자산이 된다. 이제부터라도 늦지 않았다. 오늘부터, 조금씩 시작해 보면 어떨까. "내 아이는 내가 키운다." 이 말은 결코 '혼자서 다 책임지라'는 부담이 아니다. 그 안에는 '사랑'과 '책임', 그리고 아이와 함께 자라는 기쁨이 담겨 있다. 조금은 힘들어도, 그 안에서 느끼는 보람과 감동은 결코 작지 않다.

그래서 우리는 오늘도, 부모님을 응원하고, 우리에게 맡겨진 귀한 자녀들을 따뜻한 마음으로 보듬는다. 나태주 시인은 '어머니의 일'이란 시에서 "여자는 애기를 낳아 엄마가 되는 순간 위대한 사람이 된다는 사실"이라고 노래한다. 맞다. 누가 뭐래도 우리 엄마들은 위대하다.

문해력 위기시대의
자녀교육

　나는 매주 금요일이면 어린이집 학부모님에게 전달할 가정통신문을 쓴다. 다음 한 주 동안 어떤 활동을 할지, 체험학습을 나갈 땐 어떤 옷을 입어야 하는지, 간식은 어떤 걸 챙겨야 하는지 구체적으로 안내한다. 잘 읽고 준비해 주시는 분들이 대부분이지만, 가끔 내용을 읽지 않거나 정확히 이해하지 못해 준비가 안 되는 경우도 있다. 그런 날이면 담임교사들이 당황할 수밖에 없다. 그래서 나는 가능한 쉬운 말로, 빠짐없이, 오해 없게 쓰기 위해 늘 조심스럽게 문장을 다듬는다. 몇몇 젊은 엄마들이 글 읽는 것을 싫어하고 이해도 잘 못해 놀랄 때가 종종 있다.
　다섯 살 반 아이가 손톱이 길어 안전과 위생 문제로 담임선생님이 "주말에 ○○이 손톱 좀 깎아서 보내 주세요"라고 문자 드렸는데, 월요일 아침 등원한 아이는 가방에서 휴지에 싸여 있는 손톱을 꺼내어 준다. 손톱 깎아서 관리해 달라고 한 담임의 문자를 깎은 손톱을 보내라고 이해해서 보낸 것이다. 당황한 담임선생님은 손톱을 받아 들고 놀라서 내게 들고 왔다. 우리는 부모님들과 소통할 때 많이 고심한다. 어려운 문장이 없는지? 오해의 소지는 없는지? 여러 번 읽고 고치며 가능한 단순하고 쉽게, 짧게 쓰는 것을 기본으로 한다.

최근 젊은 세대의 문해력 저하가 사회적으로도 주목되고 있다. 조병영 한양대 교수는 "문해력은 글을 읽고 이해하는 능력만이 아니라, 삶을 해석하는 능력"이라고 말한다. 예능 프로그램 '유 퀴즈 온 더 블럭'에 출연해 다음과 같은 일화를 소개했다.

어느 초등학교 가정통신문에 '심심한 사과'라고 적혀 있었는데, 이를 보고 "사과하는데 왜 심심하냐, 성의 없어 보인다"고 반응했다는 것이다. 또 수학여행 중에 '중식 제공'이라는 문구를 '중국 음식 제공'으로 이해해 "우리 아이는 한식이 좋다"고 항의한 일도 있었다. 모두가 그런 건 아니지만, 소수라도 이해하지 못한다면 더 쉽게, 더 따뜻하게 써야 한다고 생각한다.

몇 해 전만 해도 가정통신문을 보내면 댓글로 '고맙다', '잘 준비하겠다'고 응답해 주는 분들이 많았다. 요즘은 설문지조차 잘 응답하지 않는 경우가 많다. 예를 들어 상담 전에 부모님의 궁금한 점이나 자녀의 집에서의 모습을 묻는 사전 질문지를 보내도 대부분 공란으로 돌아온다. 그렇게 되면 상담도 깊이 있게 진행되기 어렵다. 상담 후 피드백을 묻는 설문도 거의 응답이 없다.

반면에 적극적인 부모님도 많다. 사전 설문 외에도 따로 메모해 와서 궁금한 점을 묻고, 상담 중에도 자녀의 성향과 고민을 구체적으로 나누어 준다. 그런 분들과의 상담은 깊고 풍성해지고, 교사도 아이를 더 잘 이해하게 되어 교육에 큰 도움이 된다.

아이의 가능성이 보이고 조금만 도와주면 분명 크게 자랄 수 있다는 믿음이 있는데도, 정작 부모가 전혀 반응하지 않을 때 우리는 안타깝다. 반면 어떤 부모는 아이가 부족해도 지지와 관심, 존중으로 함께해 준다. 그 아이는 놀라울 정도로 건강하게 성장해 간다. 아이가 누구를 만나느냐에 따라 인생이 달라지는 걸 현장에서 우리는 수없이 본다.

문해력은 단지 글을 읽고 쓰는 능력만이 아니라, 아이의 삶을 읽고 그 마음을 알아차리는 감각이기도 하다. 처음부터 달라질 수는 없지만, 조금씩 글을 읽고, 쓰고, 표현하려 노력한다면 분명 변화가 시작된다고 믿는다. 아이들은 충분히 가능성으로 가득 차 있고, 부모와 교사가 함께 연합해 위대하게 길러낼 수 있다.

한글 공부를 못해서가 아니다. 미디어에 많이 노출된 세대라 빠르고 자극적이고 쉽고 재미있는 것에 몰입하다 보니 이렇게 변한 것이 아닌가 싶다. '늦었다고 생각할 때가 가장 빠른 시기'라고 한다. 자녀가 유아 학교에 다니는 그 순간부터 부모 세대도 같이 성장해 가도록 제도적 장치가 있었으면 좋겠다. 안전하고 행복하게 키우는 것 이상으로 위대하게 키워낼 수 있도록 부모와 교사가 연합한다면 얼마나 좋을까?

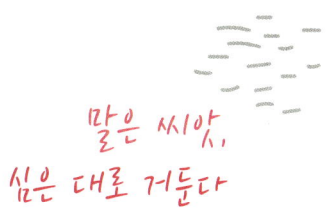
말은 씨앗,
심은 대로 거둔다

"말은 씨앗이다. 심은 대로 거둔다." 이 말은 단순한 비유가 아니라, 뇌 과학과 발달 심리학이 지지하는 진실이다. 말은 그 사람의 삶의 태도와 내면의 반영이다. 어떤 사람을 깊이 알지 못해도, 그가 어떤 언어를 자주 쓰는지 보면 삶을 대하는 기본적인 자세를 엿볼 수 있다. 이것은 성인뿐 아니라 영유아기 아이들도 마찬가지다.

어떤 아이는 뭐든 "너무 재미있어요! 우와, 신나요! 여기 정말 좋아요!" 밝고 긍정적인 언어를 자주 쓴다. 그런 아이 옆에 있으면, 듣는 사람까지 기분이 좋아진다. 반면 어떤 아이는 "하기 싫어요. 재미없어요. 안 할 거예요. 힘들어요" 하며 늘 부정적인 말로 반응한다. 그런데 더 놀라운 건, 이 아이들의 언어 습관은 대부분 부모의 언어와 놀랍도록 닮아 있다는 사실이다.

늘 밝고 따뜻한 말을 하는 아이의 어머니는 표정도 온화하고 말도 긍정적이다. 반면 부정적인 말을 자주 하는 아이의 부모는 매사에 날이 서 있고, 교사와의 관계에서도 불만을 자주 표출한다. 심리학자들은 이를 '모델링 효과(modeling)'라고 설명한다. 아이들은 부모가 하는 말을 듣고, 그대로 따라 하며 언어 습관과 감정 반응을 형성한다. 특히 영유아기는 언어적 뇌 회로와 정서 반응 체계가 동시에 발달하는 시기이기에 이 시기 부모의 언어 환경은 결정적인 영향을 미친다.

어린이집에서 아이들을 보다 보면 작은 다툼이나 상처는 늘 있을 수 있다. 이때 부모의 반응은 매우 다르다. 어떤 부모는 "괜찮아요, 아이들 사이엔 늘 있는 일이죠. 선생님께서 더 놀라셨겠어요"라며 교사를 위로한다. 반면 어떤 부모는 작은 상처에도 "도대체 애를 어떻게 보는 거예요? 어떻게 이럴 수가 있지요? CCTV 볼 수 있나요?" 하며 불신과 분노로 반응한다.

교사는 그런 부모 앞에서 위축되고, 때론 자괴감을 느낀다. 아이를 위한 최선의 환경을 만들기 위해 함께 협력해야 할 관계가 '문제 발생 시 언어' 하나로 무너질 수도 있다.

30여 년 동안 어린이집을 운영하며 느끼는 건, 부모의 언어 습관이 자녀의 정서 안정과 사회성에 깊이 작용한다는 사실이다. 긍정적인 언어와 태도로 일관하는 부모의 자녀들은 학교생활에서도 원만한 관계를 유지하며, 정서적으로 안정되어 있다. 반면, 부정적인 언어를 자주 듣고 자란 아이들은 또래 관계에 어려움을 겪고, 상담이나 치료가 필요한 경우도 많다.

심리학자 알버트 반두라의 '사회학습이론(Social Learning Theory)'에 따르면 아이들은 주변 사람의 행동을 관찰하고 모방하면서 자신의 언어, 감정, 행동을 형성한다. 부모가 자주 쓰는 말, 자주 보이는 반응은 아이에게 그대로 내면화된다. 따라서 아이를 긍정적이고 안정된 사람으로 키우고 싶다면 가장 먼저 부모 자신의 언어를 점검해야 한다.

많은 부모님께 어린이집에서 조언을 드리지만, 쉽게 바뀌지 않거나, 오히려 방어적으로 반응하는 경우도 있다. 어린이집에서는 교사가 참고 포용하며 감당할 수 있지만, 더 큰 사회로 나가 학교, 공동체에서는 그런 태도가 쉽게 수용되지 않을 것이다. 아이를 위해 긍정적인 말, 격려의 말, 공감의 말을 의식적으로 심어주는 것이 중요하다. 말은 곧 사고방식이 되고, 사고는 행동을 만들며, 행동은 결국 인생을 형성한다.

말은 마음에서 시작되지만, 그 영향은 몸을 지나 삶 전체로 퍼진다. 어떤 말은 아이를 살리고, 어떤 말은 아이를 스스로 갉아먹게 한다.

오래전 부모교육 강의에서 들었던 이 말을 잊을 수 없다. "입에서 30초, 가슴에서 30년." 무심코 던진 한마디가 아이의 가슴에 박혀 상처로 남을 수 있다. 부모가 무심코 던진 말 한마디가 아이의 자존감, 성격, 관계 능력을 좌우할 수 있다.

말은 생각에서 나오고, 생각은 들은 것과 본 것에서 나온다. 그래서 좋은 말, 좋은 환경, 좋은 모델이 중요하다. 좋은 말을 자주 들어야 좋은 생각이 자라고, 좋은 생각이 모여 좋은 행동과 삶을 만든다. 우리는 자녀의 미래를 위해 교육비를 쓰고, 환경을 꾸미고, 정보를 모은다.

하지만 가장 큰 영향을 미치는 건, 매일매일 곁에서 나누는 '말'이다. 말은 씨앗이다. 오늘 어떤 말을 심고 있는가? 아이의 마음 밭에 어떤 열매가 맺히길 바라는가? 성경에서도 말의 중요성을 분명히 강조한다.

"죽고 사는 것이 혀의 힘에 달렸나니 혀를 쓰기 좋아하는 자는 그 열매를 먹으리라"(잠언 18:21).

"무릇 더러운 말은 너희 입 밖에도 내지 말고, 오직 덕을 세우는 데 소용되는 대로 선한 말을 하여 듣는 자들에게 은혜를 끼치게 하라"(에베소서 4:29).

심은 대로, 뿌린 대로 거두는 자연의 법칙이 있듯이 말한 대로 말의 열매를 거둔다. 특히 부모의 말은 자녀에게 더욱 중요하다. 부모의 말로 자녀는 빚어진다. 자녀를 행복한 아이로 잘 키우고 싶다면 부모의 말부터 바꿔야 한다. 부모의 말대로 우리 아이가 성장한다. 사랑과 존중을 담은 따뜻한 말로 채워 주면 얼마나 좋을까? 늦었다고 생각할 때가 가장 좋은 시작이다.

그럴 수도 있지

　중고등학교 역사교사인 둘째 아들은 지난 해 중국 상해 한국학교 교사로 임용되어 가족과 함께 중국으로 떠났다. 아들 셋, 딸 하나를 낳아 키우는데 그중 둘째 손자 좋은이는 중학교 3학년이다. 중국에 간 지 6개월 된 지난 여름방학에 가족이 한국을 방문했다. 그때 좋은이에게서 여자 친구가 생겼다는 말을 들었다. 놀라운 마음보다 반가움이 앞섰다.
　"이름이 뭐야?"
　"혜민이요."
　"혜민이의 어떤 면이 우리 좋은이 마음에 들었을까?"
　"할머니가 늘 말씀하시던 '그럴 수도 있지'가 되는 애예요."
　좋은이의 대답이 참 기특하고 기뻤다. 전에 함께 살 때 나는 손주들에게 자주 이렇게 말했다. "그럴 수도 있지." 손주들은 함께 잘 놀다가 다투기도 하고 마음이 토라져서 울기도 했다 그럴 때마다 나는 늘 상대의 입장과 상황을 이야기해 주고는 "그럴 수도 있어. 그렇게 이해해 보면 어떨까" 하고 다독였다. 나도 편하고 상대도 너그럽게 볼 수 있다는 것을 알려 주고 싶었다. 그 말을 그냥 들은 줄 알았는데, 좋은이는 이미 그 마음을 품고 있었고, 누군가 그런 태도를 알아볼 수 있을 만큼 자라 있었다.

올해 설 명절에도 중국에 있던 가족이 모두 귀국했다. 열흘이 넘게 큰아들네 손주 네 명과 도합 여덟 명의 손주들이 북적대며 함께 지냈다. 그동안 손주들이 훌쩍 성장한 모습이 대견했다. 모두 10대가 된 손주들이 함께 어울려 웃고 떠드는 모습을 보니 할머니로 사는 내가 더없이 행복했다. 좋은이에게 "혜민이랑 요즘도 친하게 잘 지내고 있지?" 물으니 "그럼요. 마음이 잘 통하는 친구예요"라고 대답한다.

"그래. 너도 늘 좋은 친구가 되어주고 있겠지?"

"할머니, 걱정 마세요." 웃으며 내 등을 토닥여 준다.

이렇게 멋진 좋은이와 사귀는 혜민이는 어떤 친구인지 몹시 궁금해졌다. 나와 둘째 아들, 좋은이, 이렇게 셋이 한 자리에 있을 때였다. 좋은이 아빠인 둘째 아들에게 "좋은이는 여자친구가 '그럴 수도 있지'가 되는 친구라 마음에 든다던데?" 하며 아는 체했다. 그러자 아들은 처음 듣는 이야기라고 어깨를 으쓱하며 눈을 동그랗게 뜨고 좋은이를 바라본다.

"너 아빠가 물어봤을 땐 아무 말 안 했잖아?"

그러자 좋은이가 능청스럽게 대답했다.

"아빠는 혜민이 좋은 점이 뭐냐고 물었잖아요."

"그럼 할머니는 뭐라고 물으셨는데?"

"할머닌 좋은 면이 뭐냐고 물으셨거든요. 푸하하."

우리 셋은 깔깔 웃었다. "아니 점과 면이 뭐가 다른 거야? 면은 대답할 수 있고, 점은 대답하기 어려워?"

아무튼 좋은이가 "그럴 수도 있지"라는 할머니의 가르침을 잊지 않고 자기 삶에 잘 적용하는 것이 참 고마웠다. "형이 제게 이것저것 심부름시키니 당연히 화나죠. 동생들이 제 말 안 듣고 말대꾸 하니 화가 난다고요" 하던 좋은이가 "형이니까 심부름 시킬 수도 있지. 동생들은 내가 편하니까 말대꾸도 할 수 있지. 그래 그럴 수 있어" 하며 마음을 넓히는 손자를 보니 내가 도리어 한 수 배우게 된다.

사실 '그럴 수도 있지'는 내 삶에 엄청난 반전을 가져온 말이다. 예전에 난 뭐든지 따지기 좋아하고 정확해야 직성이 풀리는 사람이었다. "말도 안 돼. 아니, 어떻게 그럴 수가 있냐고? 그게 말이 되냐고? 도저히 이해할 수 없다고!" 하는 말을 늘 입에 달고 살았다. 나와 생각이 다른 사람을 보면 매사에 화내고 용서하기 쉽지 않았다. 그러던 어느 날, 책을 읽는 중에 빅터 프랭클이 쓴

"자극과 반응 사이엔 공간이 있다"는 한 문장이 마음을 흔들었다.

누구나 살아가며 수많은 자극 곧 상황을 만나게 되는데 이때 모든 사람은 반응하게 된다. 그 반응은 내가 선택하고 그 책임 또한 내가 지는 것이다. 맞다. 자극과 반응 사이에는 나의 자유의지가 있다. 어떤 상황에 내가 부정적으로 반응할 수도 있고, 긍정적으로 반응할 수도 있는데 그 결과는 완전히 다르다.

그때부터 나는 조금씩 생각을 바꿔 '그럴 수도 있지'로 반응하는 연습을 했다. 조금씩 마음이 편해졌다. 화도 줄고, 사람들도 더 넉넉히 바라보게 되었다. 결국 나도 편하고, 내 주변도 더 따뜻해졌다.

요즘 사람들 사이 갈등도 자세히 보면 다 사소한 일에서 시작된다. '그럴 수도 있지' 한마디면 넘어갈 수 있는 일을 굳이 부딪치고, 상처를 주고받는다. 그 싸움은 크게 번지기도 하고 돌이킬 수 없는 아픔의 결과도 가져온다. 그럴 때마다 나는 중얼거린다. "그래, 그럴 수도 있어. 그만하기 다행이지." 오늘도 그렇게 마음을 다스린다. 그리고 여전히, 그 말을 사람들에게 전하고 있다. '그럴 수도 있지.' 이 말 한마디는 나를 바꾸었고, 이제는 손주들 마음에도 천천히 자라고 있다. 그게 참 고맙고, 참 행복하다.

4장

하나님은 내 인생의
내비게이션

쌀 한가마니의 기적
영혼을 치유하는 눈물의 힘
결코 놓치지 말아야 할 단 하나
25만 원짜리 교훈
기적의 사나이
이름값 하는 인생
내 인생의 내비게이션
추석 잔소리 값
사람 봐가면서 전도해도 되나요?
천국보험
이글루에 얽힌 추억 하나
원수가 은인이 되다

'쌀 한 가마니'의 기적

　내게는 오래된 앨범이 있다. 케이스가 너무 낡아 늘 마음이 걸렸는데, 마침 가까운 지인이 새 앨범 여러 권 선물로 주었다. 그래서 마음먹고 사진 정리를 시작했다. 어릴 때부터 사진 찍는 것을 유난히 좋아했던 나는 사진도 많고, 앨범도 여러 권이다. 양이 많아 한 번에 정리할 수 없어, 틈틈이 나누어 하기로 했다.

　그러던 중, 결혼 전 찍은 사진첩을 넘기다 깜짝 놀랐다. 47년 전, 금성전기(現, LG전자)에 다니던 시절 받은 빛바랜 표창장이 앨범 속에 끼워져 있었다.

> 위 사람은 1975년도 입사 이래 맡은바 업무를 성실히 수행하여 왔으며 특히 새마을 정신이 확고하여 벽지 불우 아동을 보살펴 지역사회 발전에 헌신하고 있을 뿐만 아니라 가정에서는 극진한 효도로 타의 귀감이 되는 모범사원이므로 이에 표창함.
>
> 　　　　　1978년 7월 3일 금성전기 주식회사 공장장 안○○

아련히 그때 그 시절이 떠올라 미소를 지으며 조심스레 덮어 두었다. 그런데 오늘 새벽 기도하는 중, 그때 기억이 선명히 떠올랐다. 나는 그 자리에서 참았던 눈물을 쏟고 말았다. 47년 만에 깨닫게 된, 놀라운 하나님의 은혜 때문이었다.

1978년, 나는 스물세 살의 직장인이자 야간 신학교 학생이었다. 여름휴가를 맞아 학우회장 전도사님이 사역하는 시골교회에서 성경학교를 도왔다. 이후 모 교회의 허락을 얻어, 1978년에 1년간 시골교회 사역을 시작하게 되었다. 화성 간척지에 있는 작은 '구문천교회'를 새벽부터 밤늦게까지 섬겼다.

하지만 믿음이 없던 어머님은 '먼 데까지 힘들게 다니며 차비를 낭비한다'며 반대하셨다. 나는 간절히 기도하며 어머님께 허락받을 수 있는 유일한 방법은 사역비를 받고 간다고 하는 수밖에 없었다. 어떻게든 작은 용돈을 절약하여 1년 동안 쌀 두 가마니를 모을 생각으로 '1년 동안 쌀 두 가마니를 받을 거예요' 하고 말씀드렸더니 허락해 주셨다.

그렇게 시작된 시골교회 사역은 행복하고 보람 있었다. 주일 새벽, 깜깜한 어둠을 뚫고 집을 나왔다. 당시 내가 살던 경기도 오산에서는 버스 노선이 없어 수원 시외버스 터미널까지 가야 했다. 버스를 여러 번 갈아타고 오지 시골까지 들어가 만나는 주일학교 학생들은 도시에서 온 여 선생님을 좋아하며 잘 따라 주었다. 아침 9시 주일학교 예배를 인도하고, 11시 낮 예배에 반주로 섬겼다.

가장 좋았던 시간은 주일 오후에 오지 시골 아이들을 만나 다양한 활동으로 자연 속에서 뛰어놀았던 시간이다. 글을 모르는 친구들에게는 글도 가르쳐 주고 맘껏 따뜻한 사랑을 나누며, 저녁 예배까지 드리고 늦은 밤 집으로 돌아오곤 했다. 주일마다 준비해 간 맛있는 간식, 재미있는 이야기, 신나는 활동들로 인해 그 지역 초등학생들이 다 몰려왔다. 텔레비전도 없던 시골 마을에서 아이들과 만나는 날을 손꼽아 기다리던 나는 행복한 주일을 보냈다.

그렇게 6개월이 지났을 때, 모 교회에 변화가 생겼다. 담임목사님이 사임하시고 새로운 목사님이 부임하셨다. 교육부 장로님께서 나를 부르시더니 교회학교와 청년부 사역을 맡아달라고 하셨다. 정든 아이들과 헤어져 돌아오는 것이 마음은 아팠지만, 본 교회 사역에 필요하다고 하시니 기도하고 결단을 내렸다. 6개월 시골 교회 사역을 마무리하고 본 교회로 돌아왔다. 그런데 어떻게 쌀 한 가마니를 마련하여 어머님과의 약속을 지킬까 하는 고민이 생겼다.

교회와 직장, 신학교를 오가며 바쁜 가운데, 쌀 한 가마니에 답은 보이지 않았다. 그때, 직장에서 모범사원 표창 소식을 들었다. 2천 명 전 직원이 모인 조회 자리에서 내 이름이 불렸다. 그리고 상장과 함께 부상으로 '쌀 한 가마니'를 받게 된 것이다. 퇴근하고 집에 돌아와 보니, '쌀 한 가마니'가 집에 도착해 있었다.

나는 어머님께 사실을 고백하며 간증했다. "엄마, 사실은 사역비를 받지 않았어요. 그런데 하나님께서 이렇게 채워 주셨어요" 어머님도 눈물을 글썽이며 감동하셨다. 나는 하나님의 기막힌 응답에 놀라움과 감사로 가슴이 벅찼다.

그리고 그렇게 긴 세월이 흘렀다. 일이 그렇게 정리된 뒤 까마득하게 잊고 살았다. 그런데 오늘 새벽, 기도하며 문득 깨달았다. 당시 우리 회사는 단 한 번도 모범사원 표창이 없었다. 그전에도, 그 이후에도 없었다. 오직 그때, 결국 하나님께서 내게 쌀 한 가마니를 주시기 위해 없던 상을 만들어 상을 받게 하셨다는 사실을 깨닫고 한없이 울었다.

내 삶을 돌아보니 언제나 하나님은 항상 가장 좋은 방법으로 나를 채워 주셨다. 부족하고 보잘것없는 나를, 하나님께서 '너는 내가 사랑하는 귀한 딸이다' 부르시고 풍성한 은혜 속에 살게 하셨다. 주님이 주신 은혜가 어찌나 큰지 오늘도 그 사랑에 감격하여 다시금 눈물로 감사의 고백을 한다.

"내게 주신 모든 은혜를 내가 여호와께 무엇으로 보답할까"(시편 116:12).

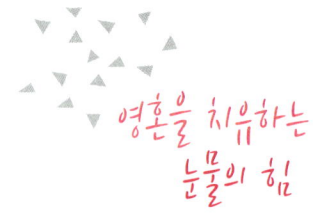

영혼을 치유하는 눈물의 힘

요즘 나는 유난히 눈물을 많이 흘린다. 특히 기도할 때면 늘 눈물이 난다. 예전엔 눈물이 단순히 슬픔이나 아픔에서 비롯되는 감정의 표현이라 생각했다. 그런데 살다 보니, 눈물은 슬플 때만 나는 것이 아니었다. 한 번은 어린이집 예배 시간에 아이들에게 물었다. "얘들아, 눈물은 언제 날까?" 다섯 살 하늘이가 대답했다. "하품할 때요!" 모두가 웃었다. 맞다. 하품할 때도 눈물이 난다.

어느 날 가만히 앉아서 내 눈물의 정체를 묵상해 보았다. 때론 슬픔과 고통의 눈물도 쏟아 낸다. 마음이 아프고 답답하여 부르짖으며 슬픔의 눈물을 흘리다 보면 상대를 향한 원망과 분노가 섞일 때가 있다. 도저히 이해할 수 없고, 해석할 수 없고 용서할 수 없을 때가 있다. 그 문제를 가지고 하나님께 탄원하다 보면 어느새 내가 심판자가 되어 정죄하는 모습이 보인다. 이때 죄송한 마음으로 흘리는 눈물은 다시금 나를 돌아보는 회개의 눈물이 된다.

누군가를 떠올리며 안타까워서 흘리는 눈물도 있다. 앞이 보이지 않는 상황에서 헤매고 있는 이들을 위해 기도하면, 연민의 마음이 올라와 눈물이 난다. 그런 날엔 그저 하나님께 올려드리며, 불쌍히 여겨 달라고 간구한다. 건강, 재정, 관계, 자녀 등의 문제로 씨름하는 이들의 아픔이 전달되어 함께 아파하고 기도하며 뜨거운 눈물을 쏟는다. 내가 할 수 있는 것은 많지 않지만, 기도하고 후원하며 작은 마음을 모은다.

감동으로 인한 눈물도 있다. 은혜로운 간증이나 말씀을 들을 때 눈물이 솟는다. 그렇게 흘리는 눈물은 마음을 열고 말씀으로 더 깊이 들어가게 해주는 문이 된다. 재미있어서 웃음이 폭발할 때도 눈물이 난다. 박장대소하며 한바탕 웃고 난 후 눈물이 나오고 주체할 수 없는 감정에 몰입되면 눈물은 기쁨의 샘이 된다.

후회의 눈물도 있다. 돌이킬 수 없는 그때 그 시절을 생각하며 안타까움에 흘리는 눈물이다. 특별히 돌아가신 친정어머님을 생각하면 잘못해 드린 일이 떠올라 눈물을 많이 흘린다. '그때 왜 그랬을까? 차라리 이렇게 했더라면 얼마나 좋았을까? 한 번만이라도 다시 뵐 수 있다면 잘해 드릴 텐데' 하는 후회의 눈물 말이다.

감사의 눈물도 많다. 지금 내가 누리고 있는 삶, 가족, 건강, 사명… 이 모든 것이 얼마나 큰 은혜인지 기도하며 돌아보면 눈물이 흐른다. 구원받은 것만으로도 넘치는 감사가 밀려오고, 나 같은 존재를 하나님의 자녀 삼아 주신 그 사랑에 눈물이 멈추지 않는다.

그리고 또 하나의 눈물은 회개의 눈물이다. 죄인 줄 알면서도 반복되는 연약함 앞에, 부끄럽고 미안하고 안타까운 마음에 눈물이 흐른다. "나는 왜 이 모양일까…" 자책이 올라올 때, 그 속엔 마귀의 속삭임도 있고, 참회의 고백도 있다.

문득 생각했다. "이렇게 다양한 감정으로 흘리는 눈물은 성분도 다를까?" 사전을 찾아보니, 눈물은 눈물샘에서 분비되어 각막과 결막을 보호하고, 눈의 기능을 유지하는 데 꼭 필요한 액체라고 한다. 세균을 씻어내고, 각막에 영양을 공급하고, 눈을 정화해 준단다. 눈물이 단순한 감정의 부산물이 아니라, 육체와 영혼을 치유하는 통로라는 사실이 놀라웠다. 특히 기도 중에 흘리는 눈물은 나를 가볍게 해주고, 시원하게 해준다.

사람들은 내 눈이 맑고 초롱초롱하다고 한다. 아마도 눈물을 많이 흘려서일까? 가까운 지인은 눈물샘이 막혀서 눈이 아파 인공눈물을 넣는다고 한다. 눈물을 때에 맞게 적시에 흘릴 수 있음이 은혜임을 고백하며, 나는 오늘도 기도 중에 눈물로 마음을 씻는다. 마음의 창이라는 이 '눈'을 통해 내가 만나는 이들에게 따뜻함과 평안을 건네고 싶다.

눈물은 나의 고백이고, 회복의 시작이고, 하나님께로 나아가는 길이다.

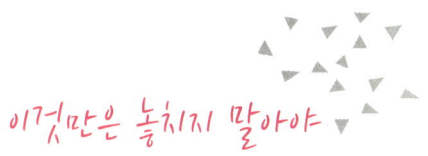

이것만은 놓치지 말아야

　퇴근하고 현관문을 여니 매캐한 냄새가 코를 자극한다. 깜짝 놀라서 주방으로 뛰어 들어가 보니 걱정했던 일이 벌어졌다. 아침에 우리 부부가 간단하게 식사한 뒤 내가 출근하고 나면 남편은 주방을 깨끗하게 정리한다. 설거지도 깔끔하게 잘해 놓고 혹시 국이 남으면 끓여 놓는 센스도 있다. 그런데 오늘 아침엔 김치 콩나물국을 먹고 조금 남아서 살짝 끓여 놓기로 했는데 깜빡 잊고 불을 안 끈 것이다.

　남편은 미안해하며 말한다. 씻고 나오니 이미 연기가 자욱하고 국 냄비가 새까맣게 타 있더란다. 내가 아끼던 좋은 냄비였는데 아예 쓰지 못할 정도로 심하게 타서 버려야 했다.

　"아니, 잊어버릴 것을 잊어버려야지, 어떻게 이렇게 위험하고 중요한 것을 잊을 수 있냐"고 타박했지만, 나 역시 아무 때나 잊어버리고 실수할 때가 얼마나 많은가? 결국 실수로 잊어버린 것에 대해 너무 심하게 구는 건 의미 없겠다 생각했다.

　나 역시 지난 가을, 곰국을 끓이다가 냄비가 타 버린 적이 있다. 그때는 고약한 냄새가 집 안에 가득 배어 오래 가기도 했다. 다행히도 불이 크게 나지 않았고, 그 냄비는 원래 낡아서 버릴 예정이었으니 쉽게 버릴 수 있었다.

　나는 자주 잊어버리고, 잃어버리는 습관이 있다. 그래서 가능한 모든 일을 기록해 두고, 사소한 것들도 메모로 남겨 놓는다. 그런 습관 덕에 잊어버리면 안 되는 것들이 종종 머릿속에 붙어 있어 오히려 정신건강에 해로울 때도 있다.

　우리는 잊어버리는 것이 참 많다. 중요한 일인데도, 중요하게 여기지 않고 제대로 관리하지 못해 깜박 잊어버리기도 하고, 일부러 내려놓아 잊어버리기도 한다. 이 세상의 모든 것은 언젠가 다 놓고 갈 것이기에 잊어버려도 큰 문제가 안 된다. 때론 정신건강을 위해서 오히려 잊어버리는 것이 유익한 경우도 있다. 나에게 상처 준 사람을 용서하고 새롭게 살아가려면 잊는 것이 도움이 된다.

　때때로 삶의 목적을 잃고 방황하거나, 건강을 잃어버려 고통을 겪는 사람도 있다. 중요한 사람들과의 관계가 깨져 마음이 아픈 경우도 있다. 또한, 갑작스레 명예를 잃고 삶의 의미를 잃어버리기도 한다. 하지만, 돈을 잃거나 물건을 잃는 것은 되찾거나 다시 사면 된다. 그러나 건강을 잃으면 회복하는데 어려움이 많다.

나이가 들수록 건강의 중요성을 절실히 느낀다. 그래서 나는 건강 관리를 위해 더 많은 관심을 갖고 식습관과 운동을 신경 쓴다.

그렇지만, 잃어버리면 안 되는 중요한 것이 있다. 바로 영원한 생명이다! 천국을 모르는 사람은 상상할 수 없는 지옥 형벌을 받는다. 천국은 절대로 잃어버리면 안 된다. 그 누구도 핑계할 수 없다. 이 기회를 놓쳐서는 안 된다. 영원한 생명은 값없이 주어지는 은혜이기에 예수님의 피로 구원을 얻은 우리는 그것을 잊지 말아야 한다.

영생을 얻을 기회는 이 땅에서만 가능하다. 내가 아끼는 사람들도 천국을 얻을 수 있도록 기도하며 복음을 전해야 한다. 하나님께서 가장 기뻐하시는 일은 영혼을 구원하는 일이다.

아끼던 냄비가 한 번의 부주의로 타서 버리게 되었지만, 더 좋은 냄비를 살 수 있는 기회를 얻은 것에 감사하다. 예상치 못한 지출이지만, 기쁜 마음으로 받아들일 수 있었다. 그러나 영원한 생명은 다시 찾을 수 없다. 그것을 잃어버리면 다시 얻을 기회가 없다. 내가 사랑하는 사람들을 위해, 이 기회를 놓치지 않도록 해야 한다.

이 영원한 생명은 값없이 받을 수 있는 은혜이며 축복이다. 예수님의 핏값으로 구원받아 천국을 누리는 우리는 꼭 기억해야 한다. 소중한 우리 가족들이 천국을 잃어버리고 지옥 가는 것을 보고만 있어서 되겠는가? 우리에게 주신 영생을 취하고, 소중한 가족, 친지, 이웃들에게 이 복음을 전하여 함께 들어가도록 해야 한다.

이 일에 적극적으로 나서야겠다는 다짐을 하면서도 머뭇거리던 내게 정신 차려 벌떡 일어나는 힘이 생긴다. 오늘 내가 받은 이 은혜를, 소중한 가족과 이웃에게 전하는 사람으로 나서야겠다.

25만 원짜리 교훈

"사모님! 머리 짧게 자르니 정말 잘 어울려요. 내가 진짜 좋은 드라이기 소개해 줄게요. 대박이에요!"

친구가 적극 추천한 제품은 '다이슨' 드라이기다. 50만 원이 넘는 고가의 제품. 아무리 좋아도 나와는 거리가 먼 물건이라 처음엔 애써 관심을 끄려 했다. 하지만 친구는 자신이 직접 써 보니 얼마나 좋은지, 자자손손 써도 될 만큼 가치 있다고 거듭 강조했다. 사진과 머리 볼륨이 살아나는 영상을 보여 주며, 지금 아니면 안 된다는 듯 나를 설득했다.

솔직히, 관심 없다고 말은 했지만 나도 마음속으로 머리가 풍성해 보였으면 했다. 숱도 없고, 가는 머리카락 때문에 늘 자신 없던 내 헤어스타일을 완전히 바꿔 줄 수 있다니, '한번 써 볼까?' 하는 마음이 살짝 올라왔다. 그 무렵 당근마켓에 박스도 뜯지 않은 새 제품이 30만 원에 올라왔다. 부속품이 다 있냐는 질문에

'예'라는 답이 왔고, 가격이 부담스럽다 하니 "얼마면 괜찮으시냐"고 되묻는다.

나는 25만 원에 가능하냐고 했고, 그는 흔쾌히 가능하다며 "단, 오늘 중으로만 입금하면 된다"고 했다. 지역은 가평이라 직접 거래는 어렵고, 택배로 보내 주겠다고 했다. 조심해야 할 상황이라는 생각도 들었지만, '정품에 반값'이라는 유혹이 더 컸다. 결국 잔고가 거의 없는 통장에서 25만 원을 송금했다. 받는 사람은 서○진이라는 이름이었다.

그리고 다음날, 아무 연락이 없었다. 전화도 받지 않고, 문자도 답이 없다. 그제야 '속았구나' 싶었다. 마음이 울적하고, 나 자신이 어리석게 느껴졌다. 곁에서 지켜보던 어린이집 이 선생님이 "원장님! 얼른 은행에 가서 '착오송금 반환신청'하세요!" 하며 알려주었다. 대신 전화를 걸어 주기도 했다. 그제야 문자가 왔다. "아까 보냈다고 했는데 전달이 안 됐나 봐요. 내일이나 모레쯤 도착할 거예요. 송장번호는 곧 보내드릴게요." "알겠습니다. 기다려볼게요." "죄송해요! 제가 서핑하느라 연락을 못 받았어요." 일단 안심했지만, 여전히 물건은 오지 않았다. 5일이 지나도 아무 소식이 없었다.

요즘 나의 재정 상태는 바닥이다. 절약이 절실한 상황에서 나는 왜 하필 그 비싼 드라이기에 마음을 빼앗겼을까. 없어도 살아가는데 아무 문제없는 물건이다. 아무리 볼륨을 살려주는 제품이라 해도, 지금 내게 꼭 필요한 건 아니었다. 아마도 '50만 원짜리를 25만 원에'라는 유혹에 눈이 먼 듯하다. 그 순간의 욕심이 결국 큰 대가를 불렀다. 주변에서는 당연히 은행에 가서 반환신청을 하라고 재촉한다. 경찰에 신고하라는 이도 있다. 하지만 나는 성전에서 새벽과 밤마다 이 문제를 가지고 기도했다. 그리고 하나님께서 말씀하셨다.

"아무에게도 악을 악으로 갚지 말고 모든 사람 앞에서 선한 일을 도모하라"(로마서 12:17).

"악에게 지지 말고 선으로 악을 이기라"(로마서 12:21).

맞다. 악을 악으로 갚지 말자. 똑같이 하지 말자. 선으로 악을 이길 힘을 구하자. 25만 원을 잃었지만, 나는 귀한 교훈 하나를 얻었다. 이건 단지 금전 손해가 아니라, 내 안의 욕심과 어리석음을 마주한 기회였다. 꼭 필요하지 않은 것에 쉽게 흔들리지 않기로 다짐했다. 그리고 한 걸음 더 나아가, 나를 속인 그 사람을 위해 기도하기로 마음먹었다. 문자로라도 복음을 전하기로 했다. 그가 자기 번호를 그대로 사용하고 있다는 사실이 그나마 다행이었다.

나는 정중히 진심을 담아 메시지를 보냈다.

"서○진님, 제가 다이슨 드라이기 구입하려고 25만 원 송금한 사람입니다. 주위에서는 경찰에 신고하고 환불 신청하라지만, 저는 기도하며 하나님께 여쭈었습니다. "아무에게도 악을 악으로 갚지 말고…", "악에게 지지 말고 선으로 악을 이기라." 이 말씀을 따라 저는 당신을 용서하기로 했습니다. 제발 다시는 이런 일 하지 마세요. 남을 속이는 일로는 절대 행복해질 수 없습니다. 정직하게 살 때 진짜 행복이 찾아옵니다. 저는 예수님을 믿고 삶이 달라졌고, 그분 덕분에 지금도 자유롭고 행복합니다.

서핑 좋아하신다고 했죠? 위험한 순간에도 마음이 평안해야 합니다. 그 평안을 예수님께서 주십니다. 예수님 믿고 바르게 살아가셔서 부모님께도 자랑스러운 아들이 되시길 바랍니다. 꼭 진짜 행복한 인생 사시길 기도합니다." 글을 보냈는데 반응은 없었다. 어쩌면 읽지도 않았을지도 모른다. 지금도 내 통장은 여전히 바닥이고, 25만 원이라는 돈은 나에겐 결코 가벼운 액수가 아니다. 하지만 이 일을 통해 나는 나 자신을 돌아보았고, 다시는 같은 실수를 반복하지 않기로 마음먹었다.

사람들은 여전히 나에게 "신고해서 돈이라도 돌려 받으라"고 말한다. 하지만 나는 그렇게 하지 않을 것이다. 다만 또 다른 누군가가 피해 입지 않도록 당근 운영자에게는 신고해 계정을 정지시키도록 했다. 그리고 나는 오늘도 기도한다. 나를 속인 그가 진심으로 회개하고 새 삶을 살도록. 그리고 내 안에 욕심 대신 평안이 자리 잡기를. 이번엔 다이슨이 아니라, 더 값진 교훈을 얻었으니 충분히 의미 있는 경험이었다.

기적의 사나이

"원장님, 매일 새벽기도 나가세요?"

점심시간, 교사들과 이야기 나누던 중, 한 선생님이 조심스레 물었다.

"네, 너무 좋아요."

"힘들진 않으세요?"

"아니요. 기도 응답을 누리며 사니 전혀 힘들지 않고 기뻐요."

내 대답에 신기해하던 젊은 교사에게 나는 '기적의 사나이' 이야기를 들려주었다. 때는 1998년 12월 15일, 고등학교 연합고사가 있는 날이었다. 이른 아침, 둘째 아들 소망이를 남편과 함께 시험장인 동산고등학교에 데려다 주었다. 정문 앞에선 선배들이 악기를 들고 찬양하며 수험생들을 응원하고 있었다. 그 광경을 보며 나는 하나님께 조용히 소원 기도를 드렸다.

"하나님, 내년엔 우리 아들 소망이를 저 자리에 세워 주세요."

소망이는 밝고 활달한 성격에 공부도 잘했다. 학원이나 과외 없이 초등학교를 우수한 성적으로 졸업했고, 중학교 2학년까지도 우수반에서 공부했다. 그런데 중3이 되자 영재반의 강도 높은 수업을 힘들어하며 스스로 반을 옮겼다. 그 이후 성적이 급격히 떨어졌다. 고입을 앞두고는 모의고사 점수가 150점대에서 머물렀다. 동산고 예상 커트라인은 155점. 진학은 불가능해 보였다.

하지만 나는 포기할 수 없었다. 동산고는 유치원 때부터 기도하며 기다려 온 기독교 학교였고, 이미 큰아들 믿음이도 그 학교에 다니고 있었다. 소망이 담임선생님은 완강히 반대했다. "반에서 3등 안에 들어야 가능하다"며 원서 제출조차 꺼리셨다. 나는 두 번이나 찾아가 설득했고 겨우 원서를 낼 수 있었다.

시험을 50일 앞두고, 소망이는 매일 집에서 세 시간씩 기출문제를 풀며 씨름했다. 온 가족이 마음을 모아 기도했고, 나는 새벽과 밤에 성전에 나가 엎드려 기도했다. 그러나 마지막 모의고사까지 150점을 넘지 못했다. 어느 날 소망이가 "엄마… 진짜 기도 응답받은 거 맞아요?" 하고 물었다. 나는 단호히 말했다. "그럼! 하지만 하나님은 네가 끝까지 최선을 다하는 걸 원하셔."

드디어 시험날이 다가왔다. 그런데 예상치 못하게 커트라인이 168점으로 올랐다. 소망이는 상록중학교에서 원서를 낸 55명 중 성적순 55등이었다. 게다가 54등과의 점수 차도 컸다. 담임선생님은 성적표를 보여주며 "제발 안전하게 다른 학교로 바꾸자"고 권유했다. 결국 소망이네 학교에서 동산고 합격자는 40명, 놀랍게도 소망이는 174점을 받아 20등 안에 당당히 합격했다. 평소보다 무려 30~40점이 오른 것이다. 기적이었다.

그날 이후, 선생님들은 소망이를 '기적의 사나이'라 불렀다. 아이들도 지나가며 "야! 기적의 사나이다!" 하며 하루에도 몇 번씩 놀렸단다. 정말, 그건 기적이었다. 기도의 응답이었다. 그리고 1년 뒤, 동산고 연합고사 날이다. 소망이는 정문 앞 찬양팀에서 베이스 기타를 치며 수험생들을 응원하는 자리에 서 있었다. 내 소원은 그대로 이루어졌다.

그 후로도 기적은 계속됐다. 대학, 교육대학원, 교사 임용까지. 소망이는 마침내 상록중학교로 돌아와 3학년 담임을 3년간 맡았다. 지금은 네 자녀의 아빠가 되었고, 큰아들이 고3이다.

돌아보면 모든 것이 하나님의 은혜다. 그래서 기도하지 않을 수 없다. 하나님은 응답하셨고, 나는 그분의 손길을 분명히 보았다. "항상 기도하고 낙심하지 말아야 할 것을 비유로 말씀하여…"(누가복음 18:1). 오늘도 나는 새벽을 깨운다. 잠잠히 들으시는 하나님의 음성을 기다리며 하루를 시작한다. 내 삶의 좌표는 기도다. 나는 오늘도 기대하고, 기도하며, 기다린다. 하나님께서 내 삶에 또 다른 기적을 행하실 것을 믿기에 언제나 그 믿음으로 살아간다.

이름값 하는 인생

"행복이는 안 돼!"

둘째 아들 소망이가 첫 아들을 낳고 이름을 '행복'이라고 짓겠다고 하자, 나는 단호하게 반대했다. "무슨 강아지 이름도 아니고 '행복'이가 뭐니. 아이들이 '불행'이라고 놀릴 게 뻔해." 그러자 아들이 말했다.

"엄마! 나도 아이들이 '절망'이라고 놀렸어요. 그래도 내 이름 '소망'이를 부르며 소망을 주었다고 생각해요. 마찬가지로 우리 '행복'이를 부르며 때론 '불행'이라고 놀리기도 하겠지만, 더 많은 사람이 '행복'을 느끼게 되리라 믿거든요."

아들의 대답에 진심이 느껴져 결국 모든 가족이 동의하고 우리 첫 손주 이름은 '행복'이가 되었다. 그 행복이는 올해 열여덟 살이다.

우리 부부는 1980년 10월에 결혼하고 바로 임신하여 다음

해 1월엔 입덧이 너무 심해 많이 힘들었다. 제대로 밥도 먹지 못하고 누워 있던 어느 날, 남편은 책상 앞에 '믿음이를 위한 기도'를 써 붙였다. 나와 상의도 없이 태어날 아이 이름을 '믿음'이라고 지은 것이다. 남편은 살아보니 '믿음'보다 귀한 것이 없다며 무조건 '믿음'이라 부르고 싶단다. 나는 생각해 둔 예쁜 이름들이 여러 개 있었지만, 남편의 의견을 존중하고 그때부터 태중에 있는 아이 '믿음'이를 부르며 기도했다.

1981년 8월 27일 그렇게 기도하며 기다리던 믿음이가 태어났다. 아이를 키우며 하루에도 수십 번 "믿음아! 믿음아!" 부르니 부를수록 좋아졌다. 나는 자연스레 '믿음이 엄마'가 되었다. 교회 안의 많은 사람이 나를 '믿음이 엄마!'로 불러주니 믿음이 배가되는 느낌이다. 친구나 친지들에게까지 난 '믿음이 엄마'가 되었다. 두 번째 아이를 임신하자 당연하게 소망이란 이름으로 불러서 둘째 아들은 고민할 것도 없이 '소망'이가 되었다. 많은 이들의 궁금증은 '사랑이가 언제 태어나는가?'였다.

1983년 산아제한 정책이 본격화되며 "하나만 낳아 잘 기르자"를 넘어 "하나도 많다. 한 집 건너 하나"라는 말까지 돌던 시대에 셋째를 낳는 것은 지탄의 대상이 되었다. 그 당시 셋째는 의료보험도 차별받았고 예비군 훈련 시 불임 수술을 받으면 일찍 귀가시켜 주기까지 했다. 이제 와 생각하니 '아무리 입덧이 심했고 정책이 그러했더라도 셋째 '사랑이'를 낳았더라면 얼마나 좋았을까?' 애꿎은 시대 탓을 해 본다. 이제라도 낳을 수만 있다면 셋째를 낳고 싶다.

감사하게도 두 아들, 믿음이와 소망이는 일찍 결혼해서 아이들을 낳기 시작했다. 우리 부부는 아들과 며느리에게 '각자 여섯 명씩 낳으면 열두 제자를 만들 수 있다'고 은근히 권했다. 결혼은 큰아들이 먼저 했지만 자녀는 작은아들이 먼저 낳았다. 둘이 약속하길 믿음, 소망이는 있으니 누구든 딸을 먼저 낳게 되면 '사랑'이로 짓기로 하고, 자녀 출산과 이름 짓기는 그렇게 시작되었다.

딸을 먼저 낳은 큰아들 부부는 딸 둘, 아들 둘 낳아서 '사랑, 기쁨, 온유, 충성' 성령의 아홉 가지 열매로 이름 지었다. 둘째 아들 부부는 아들 셋에 딸 하나를 낳아서 '행복, 좋은, 하늘, 나라'가 되었다. 비록 열두 명은 아니지만 여덟 명의 귀한 손주들이 내 품에 안겼다. 두 아들 가정 덕분에 나는 행복한 할머니가 되어 이 많은 이름을 부르며 신바람나게 산다. 내 인생에 이런 놀라운 복을 누릴 수 있다니 하나님께 감사하고 나와 결혼해 준 남편에게 고맙다.

이름에는 자녀들을 향한 부모의 소망이 담겨 있다. 성경 인물도 이름의 뜻에 따라 살며 변화되기도 한다. 관심을 가지고 잘 살펴보면 많은 사람이 그 이름에 맞는 삶을 살아가는 것을 본다. 나는 사람을 만날 때 이름에 담긴 의미가 뭐냐고 곧잘 물어본다. 내 이름은 "밝고 순하다"는 뜻으로 '명순'이다. 흔한 이름이라 초등학교 때 우리 반에 같은 이름이 두세 명은 꼭 있었다. 어릴 때는 흔한 내 이름이 싫었지만 이젠 그 이름대로 밝고 순한 삶을 살고 싶다.

사전에서는 이름을 '다른 것과 구별하기 위하여 사람이나 사물, 단체, 현상 등에 붙여서 부르는 기호'라고 설명한다. 인명, 지명, 기업명, 사물명 등 이름은 고유명사로 그 값을 대표한다. 우리나라 속담에는 '호랑이는 죽어서 가죽을 남기고 사람은 죽어서 이름을 남긴다'는 속담이 있다. 이름은 곧 그 사람을 떠올리게 한다. 내 이름을 들으면 사람들은 어떤 것을 떠 올릴까? 무엇을 기억할까? 사는 동안 이름값을 하고 산다는 것은 얼마나 귀하고 멋진 일인가?

새벽마다 자녀들과 손주들의 이름을 부르며 기도한다. 각자에게 주어진 이름에 맞는 삶을 살 수 있도록, 바로 이름값을 할 수 있도록 말이다. 우리 여덟 명의 손주들은 내게 말한다. "할머니! 앞으로 할머니의 증손주들은 서른두 명이 될 거예요." 즉 손주들이 결혼하여 네 명씩 낳게 되면 서른두 명이 된다는 계산이다. 말만이라도 고맙고, 즐겁다. 머지않아 태어나게 될 우리 증손주들에겐 어떤 이름들을 짓게 될까? 그때쯤이면 나는 백 살이 가까울

우리 부부와 두 아들 내외, 여덟 명의 손주들.

텐데 증조할머니로서 그 많은 이름을 기억하고 부르며 기도할 수 있을까?

　내 생이 다하는 날까지 '이름값 하는 인생'이 되도록 기도하며 살아가고 싶다.

겨우내 온실에서 추운 겨울을 견딘 화분들을 꺼냈다. 햇살 좋은 옥상에 나란히 늘어놓고 흠뻑 물을 주었다. 내 마음까지 시원해져 흥얼거리며 콧노래가 절로 나왔다. 그런데 갑자기 어린이집 선생님 한 분이 뛰어 올라왔다. "원장님! 2층 놀이터 창문으로 물이 쏟아져 들어와요." 깜짝 놀라 물 주던 손을 멈추고 뛰어 내려가니 창문으로 물이 들이치고 있었다.

2층은 아이들이 마음껏 뛰어노는 실내 놀이터다. 반별로 돌아가며 즐기는 곳인데 창틀에서 물이 계속 쏟아져 들어와 물이 흥건했다. 원인은 옥상에서 준 물이 창문으로 들어오는 것 같아 물 주던 일을 멈추고 살펴보았다. 옥상에서 내려가는 배수 홈통이 막힌 것 같다. 급한 마음에 이것저것 연장을 들고 하수구 입구를 쑤셔 보았으나 뚜렷한 해결은 없었다.

온실에서 나온 화초들이 직사광선을 그대로 받으며 물도 못

먹으니 시들시들해졌다. 창문으로 물이 새어 들어오니 물을 줄 수도, 방치할 수도 없는 상황에 나도 속이 타들어 갔다. 다행히 다음날 시원한 봄비가 내렸다. 물을 주지 못해 안타까웠는데 비가 내리니 속이 시원했다. 하지만 비가 온 만큼 또 창틀로 물이 쏟아져 들어와 여전히 걱정이다. 이럴 때 원인을 알고 고쳐 줄 사람이 필요한데, 때에 맞게 그러한 사람을 구하기가 어디 쉽던가?

어떻게든 해결해 보려고 철물점에서 4미터짜리 배수관 청소 도구 '뚫어 뻥'을 사 왔다. 옥상에 빗물이 내려가는 홈통에 파이프를 넣고 돌려보는데 1미터밖에 안 들어간다. 어디가 막힌 건지 감도 안 잡혔다. 뜨거운 물을 한꺼번에 많이 부어 볼까? 하수구 뚫는 약품을 쓸까? 막힌 하수구를 기계로 뚫는 전문가를 부를까? 지금 있는 홈통을 떼고 새로운 홈통을 달아야 하나?

그러던 차에 어린이집 천장에 있는 선풍기가 여러 대 고장 나서 토요일 오전에 선풍기 수리 차 이 집사님과 홍 집사님이 함께 왔다. 혹시나 하는 마음에 옥상 배수 문제를 말씀드렸다. 내가 아무리 찾아도 보이지 않던 막힌 부분을 한 번에 찾아내는 게 아닌가? 옥상에 있는 에어컨 실외기가 있는 곳에 올라가서 밖으로 뺀 홈통을 보더니 낙엽이 홈통에 가득 쌓여 있어 물이 안 내려간다고 했다. 나도 올라가서 보니 홈통 맨 위에 낙엽이 쌓였고 물이 미처 못 내려가자 밖으로 뿜어져 아래로 떨어지고 있다. 물이 2층 창틀로 떨어져서 결국 창문으로 흘러 들어가는 게 보인다.

사다 놓은 '뚫어 뻥'으로 그 부분에 대고 돌려주니 쉽게 낙엽이 아래로 떨어져 내려갔다. 그러자 물이 시원하게 홈통을 타고 아래로 자연스레 흘렀다. 물론 2층 창문으로 물이 하나도 안 떨어진다. 얼마나 감사하고 좋은지 내 속까지 시원해졌다. 타들어 가던 화분에 마음껏 물을 주었다.

역시 전문가는 보는 눈이 다르다. 알고 있는 것과 모르는 것의 차이는 이렇게도 크다. 그 일은 내게 인생의 이치를 다시금 깨닫게 했다. 인생길도 마찬가지다. 어디가 막혔는지 모를 때는 헤매게 되고, 고생하게 된다. 그러나 그 길을 아시는 분, 위에서 전체를 내려다보며 안내해 주시는 분이 계시다면 이야기가 달라진다. "너는 범사에 그를 인정하라. 그리하면 네 길을 지도하시리라"(잠언 3:6). "사람이 마음으로 자기의 길을 계획할지라도, 그의 걸음을 인도하시는 이는 여호와시니라"(잠언 16:9).

그리스도인들은 하나님 아버지가 계시기에, 참 행복한 사람들이다. 우리가 걱정하거나 후회하지 않고, 감사하며 살 수 있는 이유는 우리 인생길을 잘 아시는 그분이 계시기 때문이다. 한번 가는 인생길이다. 잘 알 수 없고 다시 돌이킬 수 없는 길이다. 그러기에 내 인생의 '홈통'이 막혔을 때, 불안해하지 않고 나의 주인 되시는 그분에게 믿고 맡기는 것이 진짜 인생 내비게이션 아닐까?

추석 잔소리 값

"취업은 언제 하니?"
"애인은 있어?"
"결혼했으면 얼른 애기 낳아야지."

가족들이 모이는 명절이면 으레 나오는 어른들의 잔소리에 기준 값이 있단다. 그것도 모르는 나는 결혼한 조카들을 만나면 "더 나이 들기 전에 얼른 애기 낳아! 지금 몰라서 그렇지 너무 좋아!" 늘 사정하며 부탁했다. 결혼한 지 6년이 넘은 친정 조카에게도 계속 말을 하니 "고모! 그런 말씀하시려면 이젠 돈 내고 하셔야 해요"라고 한다. "그래? 옛다! 여기 돈 받아라!" 나는 조카에게 2만 원 주고 계속 따라다니며 아기 낳으라고 권면했다. 나의 작은아들과 나이가 같은 조카 이삭이는 흔히 말하는 딩크족으로 단호하게 아이는 안 낳겠단다.

나는 날마다 하나님께 기도했다. 그들이 안 낳으려고 애를 써도 하나님이 하시면 안 될 것이 없으리라 믿었다. "주님! 이 가정에 실수로라도 아이를 갖게 해주세요!" 그렇게 오래 기도하던 어느 날 남동생에게 전화가 왔다.

"누나! 이삭이네 임신했대."

"뭐라구? 정말? 오! 하나님 아버지! 감사합니다. 정말 실수로라도 임신하게 하셨군요!"

너무 기뻐서 얼른 축하 문자를 보냈다. 이삭이는 "아직 초기라 조심하는 중이니 너무 소문내지 말아주세요!" 하며 말을 아낀다. 날마다 태중의 아기 '찬스'가 건강하게 잘 자라고 순산하도록 잊지 않고 기도했다.

드디어 2023년 6월 1일 건강한 남아로 태어났다. 얼마나 기쁘고 감사한지 눈물이 난다. 우렁찬 울음이 들려오는 듯한 갓난아기 사진이 가족 단톡방에 올라온다. 감격이다. 참 똘망똘망하고 예쁘기도 하다. 하루하루 지날수록 쑥쑥 커 가는 사진을 보며 매일 감동한다.

이 아기 이름이 선호다. 어느새 두 돌이 가까워진다. 유난히 아기를 예뻐하는 남동생 내외에게는 손자 선호가 매우 특별한 선물이다. 산아 제한 시대에 딱 아들 하나 낳고 오직 이 아들만 바라보며 살았던 부부다. 아들이 결혼하고 가장 간절하게 소원하던 일이 있다면 자손이었으리라. 아들 내외 눈치 보며 한마디도 못하던 이들이 요즘 7년 만에 안아보는 손자에게 푹 빠져 산다.

지난해 추석 가족 모임에 보고 싶은 선호는 못 오고 이삭이만 왔다. 이삭이는 생각했던 것보다 더욱 아들을 예뻐하며 아주 행복해한다. 심지어 결혼한 지 6년 되는 작은집 사촌 여동생 정은이에게 아이 낳으라고 권하기까지 한다. 나에게 빨리 말하라고 잔소리 값 5만 원을 선뜻 건넨다.

나는 기분 좋게 조카 부부를 앉혀 놓고 5만 원을 주며 더 나이 들기 전에 빨리 아이 낳으라고 신신당부했다. 이들 부부는 이번 추석 가족 모임에도 여전히 커다란 강아지 두 마리 '자몽'이와 '황태'를 데리고 왔다. 심지어 자신들을 강아지 '엄마, 아빠'라고 표현하며 아기 돌보듯 간식이며 이유식까지 챙겨 왔다.

지금 이대로가 충분히 만족하고 좋단다. 아기를 낳으면 돈도 많이 들어가고 신경 쓸 일도 많고 자신들이 얽매이기 때문에 싫단다. 낳기도 힘들지만 키우고 공부시키고 경쟁사회에서 고생시키는 것도 끔찍하단다. 게다가 세상이 점점 무서워지기에 자식을 낳아 잘 키울 자신도 없고 걱정할 일만 늘어나기에 그런 모험은 하지 않으려고 한다나?

곁에서 듣고 있던 아빠 된 이삭이가 "나도 그런 생각을 했었는데, 막상 아이 낳아 키워 보니 너무 예쁘고 좋아! 걱정하지 말고 낳아 봐!" 내 말에 추임새를 넣는다. 어느새 우리 이삭이가 든든한 후원군이 되었다. 지금은 몰라서 그런다. 낳아 보면 안다. 얼마나 행복한지….

작은 남동생 딸 정은이 가정을 위해서도 기도한다. "주님! 저들이 계획하지 않아도 하나님께서 은혜를 주셔서 아이를 갖게 해주세요! 생명의 신비를 알고 누리는 부부 되게 하옵소서!" 언젠가 임신했다는 기쁨의 소식을 듣게 되리라 기대하며 기도를 쉬지 않을 것이다. 친정 조카들을 바라보며 결혼해서 바로 네 명씩 자녀를 낳아 기르고 있는 우리 두 아들 내외에게 더욱 감사하게 된다. 이 땅의 젊은 세대들이 안심하고 자녀를 낳아 키우는 그 일을 위해 내가 할 수 있는 일은 어떤 것이 있을까 생각해 본다.

'막 가정이 탄생되는 예식장 앞에서 '피켓을 들고 서 있어 볼까?' '자녀를 키우는 즐거움을 만끽하도록 좋은 연대를 만드는 것은 어떨까?' 재정을 맘껏 쓸 수 있다면 자녀를 낳아 잘 키우려고 하는 젊은 부부에게 집 한 채씩 사주고 싶다.

사람 봐 가며 전도해도 되나요?

얼마 전, 주차장에 차를 세우려고 사거리를 지나던 길이었다. 저 멀리 한 여자가 휘청이며 걸어오다가 갑자기 땅바닥에 주저앉더니 자기 머리를 거칠게 내리찍는다. 깜짝 놀라 차에서 내려 다가가 보니, 곁에는 어머니로 보이는 분이 "그러지 마" 하며 애써 말리지만 딸은 쓰러졌다 일어나기를 반복하며 머리를 세게 찧고 있었다. 온몸은 상처투성이, 노숙자 같은 몰골이었다.

그 어머니는 내가 길에서 마주치면 가끔 인사 나누던 분이었다. 폐지를 주워 생계를 이어가는 듯했고, 곁에 있는 딸은 지적 장애가 있어 보였다. 30년 넘게 같은 동네에서 살아오며 이웃들의 가정사도 알게 되고, 성향도 파악된다. 그런데 이 가족은 잘 모른다. 그 옆에 또 다른 딸이 있었고, 이 아이 역시 상태가 심상치 않았다. 병원에서 나오는 길이라 했다. 제어 불가능한 행동이 계속 반복되자 결국 119에 신고했고, 경찰과 구급대원이 도착했다. 경찰은 "이런 일이 반복되고 있고, 특별한 해결책이 없다"고 말했다.

그 모습을 지켜보며 속으로 중얼거렸다. '이분들에게도 복음이 필요할 텐데… 아니야, 이런 분들이 교회에 나오면 어떻게 감당하지?' 머리로는 "복음은 모두에게 필요하다"고 믿지만, 현실 앞에서 나는 주저했다. 복음을 전하는 것이 아니라, 내 판단으로 선별하고 있는 자신을 발견하게 된다.

어느 정도 삶에 만족하는 이들은 복음에 무관심하고, 어려운 이들은 뭔가를 기대하며 교회에 온다. 그동안 전도해 교회에 나온 분들을 보면 대부분 외롭고, 병들고, 삶이 어려운 분들이 많다. 섬기고 돌보는 데 드는 시간과 정성, 그리고 때론 반복되는 오해와 서운함… 그렇게 애써도 예수님이 누구신지에는 관심이 없고, 조금만 자기 뜻과 다르거나 섭섭한 일이 있어도 금세 돌아선다. 때론 '이분은 끝까지 책임질 수 있을까? 정말 우리 교회가 함께할 수 있을까?' 하는 현실적인 고민 앞에 나도 모르게 주춤하게 된다.

기쁘게 감당하려 해도, 피로감이 밀려와 지칠 때가 있다. '도대체 어디까지 해줘야 하나?' 스스로 묻게 된다. 그럼에도 나는 기도한다. "주님의 눈으로 사람을 보게 해 주세요. 그 사랑으로 섬기고 복음을 전하게 해 주세요." 그동안 많은 분이 교회에 나왔고, 믿음으로 조금씩 성장했다. 감사한 일이다. 그런데 어떤 이들을 만나면 또다시 주춤하게 된다. 너무 어렵고 감당하기 벅찬 이들을 보면 도망치고 싶은 마음이 든다. 돌아서고 나면 하나님 앞에 죄송한 마음이 들지만, 눈앞의 현실을 어쩌지 못한다.

교회 역시 이들을 달가워하지 않을 때도 있다. 심한 냄새가 나는 경우 자리를 피하기도 하고, 식사 시간에 지저분하게 먹는 모습에 비위가 상할 수도 있다. 어떤 사람은 너무 냉랭하고, 어떤 사람은 생각이 너무 복잡하다. '나는 어쩔 수 없는 속물인가?' 이론으로는 누구에게나 복음이 필요하다고 믿지만, 삶의 현장에선 자꾸 주저하고 계산한다. 그래서 마음이 더 아프다. 복음을 들었어야 할 이들이 내 망설임으로 인해 기회를 놓친다면, 그 책임은 누가 지나?

오늘도 나는 그 세 모녀의 얼굴을 떠올리며, 고민한다. '주님이라면 어떻게 하셨을까?' "건강한 자에게는 의사가 쓸 데 없고 병든 자에게라야 쓸 데 있느니라 나는 의인을 부르러 온 것이 아니요. 죄인을 부르러 왔노라"(마가복음 2:17). 주님은 누구도 외면하지 않으셨다. 나병 환자, 창녀, 세리, 귀신 들린 자, 무지한 어부까지도 품으시고 친구가 되어 주셨다.

내 안의 부족함과 연약함을 인정하며, 이 모든 일을 하나님께 맡기고 싶다. 내가 감당할 수 없는 자리에서도 주님은 일하시기에, 오늘도 기도하며 한 걸음을 내딛는다. 하나님이 기뻐하시는 영혼 구원을 위해 전도하고 싶다. 누구를 만나든, 어떤 사람이든 말을 걸고 복음을 전하고 싶다. 그런데 때때로 내 안에서 이런 소리가 들린다. '안 돼, 저 사람은 교회에 나와도 감당하기 힘들겠어.' 나도 모르게 멈칫하게 되는 순간들. 외모나 분위기에서 뭔가 어렵고 복잡한 삶이 느껴지면, 손에 들었던 전도지를 조용히 가방에 넣고 외면하며 지나친다.

하지만 나는 여전히 갈등한다. 어쩌면 나는, 내 편의에 따라 복음을 선택적으로 전하려는 속물 같은 마음을 숨기고 있었는지 모른다. 복음은 값없이 받은 은혜인데, 나는 누군가에겐 '이 은혜를 누릴 자격이 없다'고 선을 긋고 있진 않았나?

오늘도 나는 기도한다. "주님의 마음을 내게 주시고, 사람의 형편이 아닌 영혼의 가치를 따라 전도하는 자가 되게 해주세요. 복음을 전할 때, 그 영혼 뒤에 계신 주님의 눈물을 보게 해주세요." 그래서 오늘, 다시 용기를 낸다. 내가 할 수 없어도 주님은 하실 수 있으니, 내 손과 입을 사용해 달라고 말이다.

천국보험

 엊그제 10년간 납부하던 종신보험을 해지했다. 해지하면 손해가 너무 커서 고민을 많이 했다. 이 종신보험은 매달 129,826원씩 20년 납부했을 때, 다른 혜택은 아무것도 없고 내가 사망했을 경우 5천만 원만 나온다. 10년 전에 아는 분이 권해서 들었던 보험인데 계산해 보니 20년을 다 납부하고 보장 기간이 끝나서 보험금을 받으면 이자도 없이 그냥 납부 금액만 타는 보험이었다.

 10여 년 유지하여 118회 납부로 총 15,474,166원이 되었다. 해지하니 환급금이 12,605,002원으로 무려 원금만 손해가 2,869,164원이나 되었다. 이리저리 따져 보다가 타 은행에서 대출받은 것을 상환해야 할 때가 되어서 그냥 과감히 해지했다..

 납입금액의 약 20%를 손해 보고 환급금을 받으니 엄청 아깝다는 생각이 들었다. 그런데 그냥 생각을 바꿔 다르게 바라보니 감사할 수 있었다. 이렇게라도 매월 불입하지 않았다면 이런 목돈은 마련되지 않았을 터이다. 어려운 중에도 매달 자동이체로 들어가서 10년을 잘 납부해 왔으니 80%의 원금을 손에 쥘 수 있어 감사하기로 했다. 덕분에 대출 상환일에 맞춰 빚을 갚게 되어 참 감사하다.

우리는 내일 일을 알지 못하기에 혹시 모를 일들을 대비해서 다양한 보험에 가입한다. 보험회사는 사람들이 갑자기 겪을 수 있는 사망, 사고, 질병, 장애, 재해 등을 대비해서 그에 맞는 보험 상품들을 개발하고 보험설계사들을 통해 상품을 판매한다. 좋은 보험은 때에 따라 정말 유용하고 꼭 필요하다.

주변에서 암이나 사고 등으로 큰돈이 들어가야 할 상황에서 미리 들어둔 보험으로 잘 해결하고 좋은 혜택을 받아 화가 도리어 복이 되는 경우도 많이 보았다. 알 수 없는 미래를 위해 우리는 이렇게 보험으로 대비한다. 사실 이 땅에서의 보험은 불확실한 미래를 위해 기꺼이 손해를 감수하며 들어두고도 막상 받으려고 하면 제대로 못 받을 때도 있다.

하지만 확실하게 보장된 미래, 영원한 생명을 누리는 천국에 대한 분명한 청사진이 있음에도 그것을 위해 제대로 준비하지 못하는 사람들도 많다. 이 천국 보험은 절대 손해가 없다. 다양한 상품이 있어 고민하거나 따져 보거나 계산해 보지 않아도 된다. 천국 보장은 성경을 통해 아주 분명하게 알려주셨기에 그것을 믿고 그 매뉴얼대로 준비하면 된다.

종신보험 해지하고 천국 보험에 대해 묵상하며 새롭게 깨달았다. 결코 망하지 않을 보험, 조금도 손해가 없는 보험, 후회하지 않을 보험, 누구에게나 반드시 꼭 필요한 완전한 보험이 바로 천국보험이다. 하나님의 은혜로 이 보험을 보장받고 누리고 있으니 감사하다.

모두에게 꼭 필요한 이 천국보험을 적극적으로 권면해서 함께 이 은혜와 축복을 누리고 싶다. 천국보험 설계사, 얼마나 보람된 일인가. 보험설계사들이 자신이 판매하는 상품에 대해 많이 공부하고 각 사람에게 꼭 맞게 설계하여 상품을 제시하고 계약을 체결하듯이 나도 천국보험을 권하기 위해 더 공부해야겠다. 나로 인해 천국 보험을 든 사람마다 천국에 올라가도록 아낌없이 지원하고 섬기면서 많이 전해야 되겠다! 보험 해지가 내 삶에 또 다른 비전을 갖게 해줘서 유익을 주었으니 살맛이 난다!

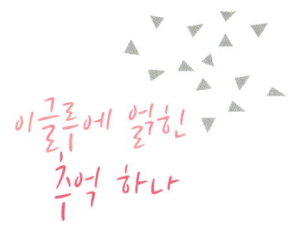

이글루에 얽힌
추억 하나

　이틀 동안 겨울비가 내렸다. 12월인데도 날씨는 영상, 봄이 오는 듯 따뜻했다. 겨울을 즐기려는 아이들은 눈이 내리길 기다리는데 비가 오니 무척 아쉬워했다. 빗소리를 들으며 잠이 들었는데 새벽에 남편의 "와~! 눈이 많이 내리네!" 하는 소리에 깜짝 놀라 잠이 깼다. 벌떡 일어나 창밖을 보니 앞집 지붕 위로 눈이 하얗게 쌓이고 있었다. 멈추지 않고 펑펑 내린다. 꽤 많이 쌓일 것 같다.

　눈이 내리자 몇 년 전에 만들었던 이글루 생각이 난다. 두 아들은 각기 네 아이의 아빠가 된 후에도 눈이 오길 기다렸다. 밤새 내린 폭설로 온 세상이 눈부신 날, 두 아들과 손주들은 우리 어린이집 놀이터에서 아주 튼튼한 이글루를 짓기 시작했다. 커다란 김치 통에 눈을 담아 물을 뿌려가며 단단하게 눌러 눈 벽돌을 만들었다. 그리고 눈 벽돌을 하나하나 올려가며 이글루를 지었다. 영상도 찍어가며 눈 벽돌을 원형으로 쌓자니 무척 어려웠다. 추위와 난이도로 고생했지만 즐거움으로 그 모든 수고를 잘 감내했다. 눈을 맞으며 동심으로 이글루를 짓는 모습에 덩달아 신난 나도 사진을 찍고 뜨거운 차를 끓여다 주며 열렬히 응원했다.

거의 10시간 넘게 늦은 밤까지 이글루를 견고하게 쌓았다. 다음날 일요일 아침에 돔 모양의 천장까지 제법 모양새를 잘 갖추어 아주 근사한 이글루가 완성되었다. 지켜보던 손주들은 환호성을 지르며 좋아했다. 이글루 안에 들어가 보기도 하고 사진도 찍으며 색다른 경험을 했다. 두 아들은 내심 만족해하며 찍은 사진과 동영상을 SNS로 공유하며 뿌듯해했다.

우리 부부도 이글루 안에 들어가 앉아 보니 생각보다 따뜻해서 놀랐다. 눈이 녹을까 봐 불을 지필 수 없었지만 포근함이 느껴져 살 만했다. 월요일에 어린이집 친구들이 오면 놀이터에서 놀며 이글루 안에서 사진 찍어 줄 상상을 하며 잔뜩 기대했다.

월요일 새벽기도 나가는데 이글루가 안 보인다. 설마 벌써 녹았을까? 가까이 다가가 보니 이글루가 왕창 다 부서져 있는 것이 아닌가? 지난밤까지 멀쩡하던 그 튼튼한 이글루가 어찌 이렇게 허망하게 무너져 있단 말인가? 두 아들이 보면 얼마나 실망할까? 어떻게 하면 좋지? 너무 걱정되었다. 아침에 나와 본 아들들은 망연자실 털썩 주저앉았다. 그 추운 곳에서 10시간 넘게 작업한 것이 다 무너졌으니 얼마나 허탈했을지 그 마음이 느껴진다. 그냥 무너진 것이 아닌 일부러 부서뜨린 모양새다. 누굴까? 어떤 마음으로 이렇게 부숴 버렸을까?

CCTV를 켜고 확인했다. 지난밤 아주 늦은 시간에 담배를 피우며 지나가던 10대 청소년 대여섯 명이 잡힌다. 놀이터에 들어와 빙글빙글 돌며 이글루를 살피더니 안에도 들어가 보고 발로 차 본다. 그러더니 이글루를 부수기 시작했다. 주먹으로 치고 발로 차고 몸으로 들이받으며 산산이 부서뜨렸다.

어떤 생각으로, 왜 그랬을까? 뭐가 그렇게 화가 났던 것일까? 소리는 들리지 않아 알 수 없으나 마음이 참 아프다. 분명히 이글루를 지은 사람들의 정성을 알았을 텐데 이렇게 마구 부숴 버리는 마음은 어떤 마음일까? 입에 문 담배를 부서진 이글루에 던지며 떠나던 그들의 뒷모습을 잊을 수 없다.

다행히 두 아들은 크게 화내지 않고 다시 삽을 잡아 보수 작업을 시작했다. 물론 어제의 그 모습은 아니다. 겨우 벽만 올리고 지붕은 만들지 못했다. 그래도 우리 어린이집 아이들은 복구된 이글루를 보고 좋아하며 신나게 즐겼다. 처음 모습 그대로 있었더라면 얼마나 더 좋았을까? 하는 아쉬움이 있었지만 이대로도 감사하며 놀 수 있어 좋았다.

범인은 현장에 다시 나타난다는 말이 맞았다. 이튿날 아들이 이글루를 복구하는데 청소년들이 쭈뼛거리며 지나간다. 아들은 섬광처럼 바로 지난밤 이글루를 부숴 버린 아이들이란 것을 직감했다. 들고 있던 삽을 던져 버리고 그들 향해 뛰어갔다.

눈치를 챈 녀석들이 도망친다. 달리기가 워낙 빠른 큰아들은 한 명을 덥석 잡았다. 다 도망하는 중에 그래도 의리가 있었는지 친구 한 명도 도망하다 멈췄다. 붙잡혀 온 아이들은 고개를 숙이고 "죄송합니다" 하고 말했다. 전화로 친구들을 부르게 하니 도망친 아이 중에 두 명이 더 왔다.

이들에게 부서진 이글루에서 잘 노는 우리 아이들의 모습을 보게 했다. 머리를 긁적이며 미안해하는 모습이 진심으로 느껴졌다. 이미 부서져 버린 이글루를 어떻게 하랴?

마침 점심시간이라 나는 이 네 명의 청소년들을 데리고 근처 식당으로 갔다. 점심을 사주며 이런저런 이야기를 들어주었다. 그들도 상처받은 아이들이라 각자의 사연이 있어 듣고 나니 마음이 아팠다. "다시는 이런 짓 안 할게요." 밝게 웃으며 말하던 아이들의 얼굴이 떠오른다. 부서진 이글루 안에, 다시 쌓은 것은 눈이 아니라 용서와 회복, 그리고 따뜻한 마음이었다.

원수가 은인이 되다

　내 인생에서 도무지 이해되지 않고, 잊을 수가 없고, 용서되지 않던 한 사람이 있었다. 나를 수없이 아프게 하고, 수많은 눈물을 쏟게 했던 사람. 그 이름과 비슷한 글자만 봐도 심장이 쿵 내려앉았다. 도대체 무슨 일이 있었기에 그랬을까? 하지만 그 이야기를 쉽게 밝히기 어렵다. 드러나는 순간 오해와 상처를 불러올 수 있기 때문이다. 나는 오래도록 이 아픔을 누구에게도 털어놓지 못한 채, 그저 조용히 혼자 눈물 흘리며 마음을 다스려야 했다.

　이 사람이 왜 그런 행동을 했는지, 아무리 이해하려 해도 이해할 수 없었다. 하나님을 믿는 사람으로 용서하고 살아야 함을 알지만, 마음은 쉽게 풀리지 않았다. 용서하겠다고 다짐해도, 번번이 무너졌다. "너희 원수를 사랑하며 너희를 박해하는 자를 위하여 기도하라"(마태복음 5:44)는 말씀을 듣고 수없이 다짐해도, 여전히 용서할 수 없었다.

기도해도 닫힌 내 마음이 움직이지 않았다. 분노와 정죄, 판단의 생각이 마음속에 가득했다. 처음엔 정중히 이야기하면 알아들을 줄 알았고, 후회할 줄 알았다. 하지만 오히려 비웃는 듯한 태도에 나는 더 깊은 좌절로 빠졌다.

속으로는 수백 번 말하고 따져 보았지만, 정작 입 밖으론 내지 못한 말들…. 그렇게 세월이 흘렀고, 그 시간은 내 마음에 깊은 그림자를 드리웠다. 나도 내가 지독하다고 느낄 만큼 감정은 맹렬했다. 내 모든 애씀과 노력은 헛수고처럼 느껴졌고, 마음은 부서질 듯 고통스러웠다. 그런데 바로 그 지점에서 변화가 시작되었다. 내 힘으로 해결할 수 없기에, 나는 무릎 꿇고 기도하기 시작했다. 아무 말 없이, 하나님께 마음을 쏟아놓는 시간들이 찾아왔다. 처음엔 그저 나를 위로해 달라는 기도였다. 그러나 기도는 점점 넓어지고 깊어졌다. 나 자신을 넘어, 그 사람을 위한 기도가 되었고, 더 많은 사람을 위한 기도로 번졌다.

이젠 기도가 나를 숨 쉬게 하는 힘이 되었다. 새벽에도, 밤에도 성전에 나가 기도하며 마음을 다잡는다. 그렇게 긴 기도의 시간 동안 내 안에 작은 변화가 일어났다. 그 사람을 미움이 아닌 '은혜'로 바라보게 되었다. 완전히 용서했다고 아직 말할 수 없어도, 요동치던 감정은 점점 옅어졌다. 그 사람은 이제 내게 찌르는 가시가 아닌 성장의 도구다. 나를 단단하게 만들었고, 기도의 사람으로 이끌어 준 이정표가 되었다.

다시 생각하면, 그는 내게 '복'이자 '은혜'였다. 그런 의미에서 감사할 수 있게 되었다. 그 존재가 없었다면 지금의 나는 없었을 것이다. 아직 그에게 직접 "당신 덕분에 제가 이렇게 성장했습니다"라고 말하지는 못했지만, 마음으론 그에게 고개 숙여 인사하고 있다. 미움으로 가득 찼던 내 감정은 어느덧 연민으로, 기도로 바뀌었다. 가끔은 그를 위해 진심으로 기도하며, 내 상처를 씻어낸다.

이제 그 이름을 들어도, 그 얼굴을 마주해도 심장이 요동치지 않는다. 더는 피하지도, 가슴을 움켜쥐지도 않는다. '그럴 수도 있지'라는 내 인생의 좌우명이, 드디어 그 사람에게도 적용된다. 오죽했으면 그랬을까, 이제는 그렇게 이해할 수 있게 되었다.

"용서는 과거를 바꾸는 것이 아니라, 미래를 자유롭게 한다"(루이스 스미디스)고 하던가. 용서는 그를 위한 것이 아닌, 나 자신을 위한 회복이었다. 나는 그를 이겼다. 아니, 내 안의 증오를 이겨냈다. 그리고 지금, 진심으로 말할 수 있다. "그대는 내게 깊은 상처를 주었지만, 결국 나를 일으킨 은인입니다. 고맙습니다."

지금 나는 하나님께서 "네게 그 상처가 없었다면 더 행복했겠니?" 물으신다면 "아니에요! 지금이 가장 행복하고 좋아요. 그 일과 그 사람은 하나님이 제게 주신 은혜이고 선물입니다. 감사합니다." 이렇게 대답할 수 있다.

5장

가정, 나를 키운
사랑의 둥지

엄마가 물려주신 믿음의 유산
빚 갚고 나니 친정엄마가 생각나네
우린 이렇게 결혼했다
결혼이 가져온 기적의 선물
당신이 옳다
'믿음 엄마'가 되게 해준 너
중3 아들이 대학생 누나를 좋아하더니
기도로 낳아 사랑으로 키운 아들
육아일기로 보는 그때 그 시절
다리의 멍은 들었지만, 가슴은 멍들지 않아
손주 캠프
증손주 32명을 꿈꾸는 행복한 할머니

엄마가 물려주신 믿음의 유산

　엄마가 세상을 떠나신 지 벌써 10년이 지났다. 세월이 지날수록 더 그립다. 너무 보고 싶고 또 보고 싶다. 엄마의 퍽퍽한 인생을 생각하면 눈물이 난다. 나는 엄마 마음을 너무 몰라줬다. 다정하게 대화하지도 못했고, 엄마의 살아온 이야기를 들어드리지 못했다. 정말 후회가 막심하다. 무엇이 그리 바쁘고 중요했기에 그렇게도 시간을 내지 못했을까? 좀 더 따뜻하게 엄마랑 시간을 보냈더라면 얼마나 좋았을까? 이제 와 생각하니 나는 너무 차갑고 못된 딸이다.

　엄마의 삶에 대한 열정을 다시금 떠올려 본다. 아버지가 일찍 돌아가시고 마흔두 살에 혼자 되신 엄마에게 남겨진 것은 갚아야 할 많은 빚과 열일곱 살인 나와 열네 살, 열두 살, 어린 삼남매뿐이었다. 그때 엄마의 마음은 얼마나 참담했을까? 허리띠를 졸라매고 눈물을 삼키며 온 힘을 다해 자식들 키우며 빚을 갚기 위해

몸부림쳤던 엄마의 모습이 그려진다.

새벽이면 밭에서 일하고 낮에는 집 가까이 있는, 토끼털로 외투를 만드는 회사에서 하루 종일 일하셨다. 떡을 맛있게 잘 빚으시는 엄마에게 떡 주문이 밀려들어오는 날이면 밤을 꼬박 새우며 떡을 만드셨다. 한 푼이라도 아낀다고 손수 절구에 불린 쌀을 찧어 가루를 낸다. 찜솥에 찌고 반죽해서, 방망이로 밀어 일일이 종지로 찍어내어 바람떡을 만드셨다. 어느 날인가 씻어 놓은 쌀을 누군가가 몽땅 가져가 버려서 엄마가 두 다리를 뻗고 앉아 엉엉 우셨던 기억이 난다.

언젠가는 손가락에 염증이 생겨 그 통증으로 밤을 지새우셨는데 다음날 여전히 회사에 가셨다! 그렇게 하루도 쉬는 날이 없이 몸이 부서질 정도로 열심히 일하셔서 어느덧 아버지 병원비로 빌렸던 모든 돈을 결국 다 갚으셨다. 그리고 세 자녀를 모두 시집, 장가 보내셨다. 엄마는 정말 누구에게도 짐이 되지 않으려 최선을 다해 사셨다.

큰아들네 집에서 손자를 키우며 지내시던 엄마는 큰아들 가정이 우리 집 가까이 안산으로 이사 오면서 함께 들어와 사셨다. 1994년 큰아들네가 수원으로 이사 나간 그때부터 교회 가까이 있고 싶다고 하셔서 우리 집으로 들어오셨다. 처음 서너 달은 마땅히 계실 방이 없어 옥상으로 나가는 발코니에 난방도 안 되고 춥고 좁은 곳에서 사셨다. 방이라고 할 수도 없는 곳에 계시다가 얼마 후 다행스럽게도 엄마가 쓰실 방을 만들어 드릴 수 있게 되었다.

엄마는 내 살림을 하나부터 열까지 손수 맡아 도와주셨다. 그러나 나는 그 모든 수고에 제대로 감사하지 못했다. 돌아보니, 나는 부끄럽고 죄송하기만 한 못난 딸이다. 후회와 아쉬움으로 가슴이 미어지지만 이제는 아무리 후회하고 울어도 돌이킬 수 없다. 그럼에도 감사한 것은, 엄마와 함께 20년간 온 가족이 모여 살았던 시간들이다. 손주들이 자라 결혼하고, 증손주가 태어나는 기쁨을 엄마가 함께 보셨다는 것이 큰 위로가 된다.

엄마와 함께 살며 자연스레 배운 것들이 많다. 처절한 가난 속에서도 자녀들을 끝까지 책임지고 키우셨다. 엄마의 그 부지런함과 검소함과 성실을 내 몸에도 익혔다. 새벽마다 기도하시던 엄마의 아름답던 그 모습은 내게 큰 선물이다. 누구에게든 꾸지 않고 베푸시던 마음과 자녀들에게 최선을 다해 물려주고 싶었던 그 따뜻한 마음을 본받고 싶다. 어떤 순간에도 짐이 되지 않으려 애쓰셨던 엄마. 내 마음속에 엄마를 존경하고 사랑하고 기억하며 나도 잘 본받고 싶다. 좋은 엄마를 내게 주신 우리 하나님 아버지께 늘 감사드린다!

어린 시절, 내 기억 속에 부모님이 싸워서 큰소리 난 것을 본적이 없다. 나를 혼내실 때도 감정이 폭발해서 야단한 적이 없어 감사하다. 삶에 대한 열정을 보여 주셨고 부지런한 삶의 자세를 가르쳐 주셔서 감사하다. 넉넉하진 않았지만 꾸지 않고 주어진 것에 만족하며 살아갈 힘을 주심이 감사하다.

엄마에게 잘해 드리지 못한 후회와 아픔이 있기에 요즘 만나게 되는 이웃 어르신들을 사랑하고 섬길 마음을 주셔서 감사하다. 이것은 엄마가 내게 물려주신 좋은 선물이다. 이제 할 수 있다면 나는 내게 맡겨 주신 이들을 그냥 사랑하고 도와주고 마음 다해 섬기려고 한다. 내가 받은 그 사랑이 자손들에게 잘 흘러가도록 노력하며 오늘을 살아간다.

엄마가 물려주신 믿음의 유산과 부지런한 성품, 검소하고 성실한 태도를 본받아 오늘의 내 삶을 통해 엄마가 빛나도록 해 드리고 싶다. 이후에 천국에 올라가 그리운 엄마를 만났을 때 기뻐하며 끌어안고 "잘 살았다"고 칭찬받는 엄마의 딸이 되고 싶다.

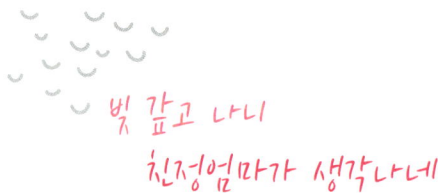
빚 갚고 나니
친정엄마가 생각나네

    2022년 말, 7년 전 대출받은 1억 원 중 마지막 남은 620만 원을 모두 상환했다. 얼마나 홀가분한지 자나 깨나 계속 그 생각으로 날아갈 듯 가벼웠다. 2017년 지금의 어린이집 건물을 매입하며 건물 담보로 대출 5억 원과 함께 시에서 이전 혜택으로 빌려준 1억 원이 있었다. 1억 원은 이율이 낮고 3년까지는 이자만 내고 4년간은 원리금 상환이 조건이었다. 거치 기간이 끝난 2020년부터 3개월에 한 번 620만 원씩, 총 16차례 갚아야 했다. 적지 않은 금액이었지만 매년 성실히 갚아내다 드디어 모두 끝냈다. 스스로 해냈다는 뿌듯함과 홀가분함으로 날아갈 것 같았다.

    오늘 아침, 문득 친정엄마 생각이 났다. 엄마도 큰 빚을 떠안고 어린 자녀를 키워가야 하는 막중한 책임감에 얼마나 부대끼셨을까? 내가 중3 겨울방학 때 아버지가 돌아가셨다. 병명을 알 수 없어 병원을 전전하며 가진 돈을 모두 썼고, 친척들에게 빚까지

냈다고 들었다.

장례식날 밤, 아버지 시신이 누워 있는 방에 친척들이 모여 엄마에게 방바닥을 치며 "이 집을 팔아서 빚을 갚아 달라"고 했다. 우리 엄마는 흐느끼며 "걱정하지 마세요. 제가 무슨 수를 써서라도 다 갚겠습니다"라고 말했다. 마흔두 살 젊은 우리 엄마는 그때 얼마나 막막했을까?

아버지가 남긴 건 읍내에 있는 땅 100평에 지은 한옥 30평이 전부다. 엄마는 집 마당에 방과 부엌을 세 칸씩 지어서 세를 놓았다. 새벽에는 남의 집 밭을 일구고, 낮에는 공장에서 일하고, 밤에는 주문 들어온 떡을 빚었다. 나는 고등학교 진학 대신 바로 공장에 들어갔다. 여섯 살 위의 언니는 이미 결혼하여 분가했다. 남동생 둘은 초등학교 5학년, 4학년이었다.

빚을 갚기 위해 밤낮없이 일하는 엄마에게 나도 학교 가고 싶다고 떼를 쓸 수 없었다. 열심히 일해 월급 타서 갖다 드리면 나에게 한 푼도 주지 않고 오로지 빚 갚는 데 썼다. 철없던 어린 나는 '나만 불쌍하다'는 생각으로 엄마에 대한 원망으로 가득했다. 지금 생각해 보면 그 시절 '엄마는 어떻게 하루를 버텨 내셨을까?' 싶다.

몇 년이 흘렀을까? 우리 모녀는 억척스럽게 일하고 돈을 벌어 결국 그 빚을 다 갚았다. 엄마는 그때 어떤 기분이셨을까? 오늘 내가 느끼는 이 홀가분함과는 또 다른 당신 스스로를 향한 대견함이 있지 않았을까? 빚을 갚고 아버지 산소에 가서 두 다리를 뻗고 목 놓아 울던 엄마 모습이 생각나 눈물이 난다. 두 아들 다 결혼시키고 이후 우리 집에 오셔서 20년간 나와 함께 사셨다. 손주 9명, 증손주 17명을 안고 사랑을 나누셨다. 새벽마다 기도하시고, 우리 집 살림을 도와주셨다. 2018년 2월, 86세의 나이로 평안히 하나님의 품으로 가셨다.

    그땐 정말 몰랐다. 엄마가 진 그 무게가 얼마나 깊고 무거운지. 나도 어렸고 자기 연민에 빠져 있었다. 진즉 철이 들고 엄마를 알아줬더라면 얼마나 좋았을까? 그 시절 엄마가 가졌던 아픔과 삶의 절박함이 이제야 보인다. 돌아보니 끝까지 포기하지 않고 꿋꿋이 잘 이겨내고 우리를 길러 주신 은혜가 감사하다. 먼 길 떠나셔서 그 은혜 갚을 길 없어 안타깝지만, 감사한 마음으로 어머님을 추억하니 감회가 새롭다. 빚을 갚고 나서 이제야 보이는 엄마의 마음을 헤아려보며 오늘 나는 사랑을 고백한다. "사랑하는 어머니! 참 고맙습니다."

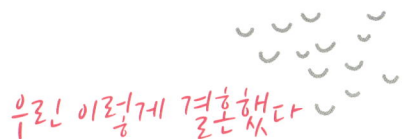
우린 이렇게 결혼했다

1978년 봄, 어느 날 바로 옆집 사는 친구 정애가 내게 부탁했다. "명순아! 너 편지 쓰는 것 좋아하잖아. 군대 간 우리 사촌오빠한테도 편지 좀 써 줘!" 당시 나는 교회 안에 청년들이 군에 입대하면 열심히 편지를 써 주던 때였다. 주소를 건네받고 이름이 '이정훈'이라고 해서 성도 같으니 '국군 아저씨' 대신 '오빠'라 부르기로 하고 편지를 써 보냈다.

다른 청년들은 내가 아무리 편지를 곱게 써서 보내 줘도 답장 없던 터에 오빠에게서는 바로 답장이 왔다. 그렇게 시작된 편지가 계속 이어졌다. 당시 나는 남자친구 A와 신앙생활을 함께하며 직장도 즐겁게 다니고 있었다. 남자친구는 군인 오빠에게 편지 쓰지 말라며 살짝 질투하기도 했다. 하지만 오빠의 편지는 언제나 성경 말씀으로 가득했기에, 남자친구에게 편지를 보여주며 걱정하지 말라고 안심시켰다.

그렇게 편지가 꾸준히 오갔고 1979년 1월에 오빠는 휴가를 나왔다. 오빠는 친구 정애네 집에 왔다. 외삼촌 집에 온 것인데, 실은 나를 보러 왔다고 한다. 퇴근하는 길, 친구 집에서 오빠를 처음 만났다. 짧은 머리에 곱상한 군인 아저씨, 첫인상은 딱 그랬다. 그렇게 만난 뒤에도 편지는 계속되었다.

1980년 1월, 오빠가 보낸 소포가 왔다. 포장을 풀어 보니 자주색 가죽 성경책이 들어 있었다. 첫 장에 '명순, 정훈'이라고 이름이 쓰여 있었고 그 안에는 청혼 편지가 들어 있었다. 전혀 예상치 못한 청혼에 깜짝 놀라 덮어 버렸다. 그동안 그런 이야기가 전혀 없었는데 무슨 일일까? 나중에 알게 된 이야기는 섬기던 군인 교회 목사님께서 '이 아가씨와 결혼하면 좋겠다'고 말씀하셨단다.

그해 1월 8일은 친정아버지의 추도예배드리는 날이었다. 오빠도 왔는데 왠지 만나기가 서먹했다. 딱히 할 말도 없어 집 앞 골목에서 건성으로 만나고 헤어졌다. 게다가 담임목사님께서 남자 친구와 헤어진 내게 어느 전도사님을 소개해 주시려고 하던 차라 갈등하던 상황이었다. 나는 결혼할 수 없다고 말했고 오빠는 다시 부대로 복귀했다. 그 이후로 오는 편지는 대충 읽고 모아 두었다. 그림을 잘 그리던 오빠는 편지를 정성껏 쓸 뿐 아니라 그림도 그려 준 편지가 많았다.

책을 좋아하고 많이 읽던 오빠는 자신이 읽은 좋은 책들을 자주 보내 주었다. 매일 편지가 왔다. 군에서 쉽지 않을 텐데 언제까지 그렇게 오나 하던 때에 "아주 고도의 훈련을 들어가기에 당분간 편지를 보낼 수 없다"는 편지를 받고 '이젠 안 오겠지' 하던 차에 또 편지가 왔다. 아주 험준한 산을 넘는 훈련 가운데 불도 없이 깜깜한 곳에서 무릎에 대고 편지를 쓰기에 글씨가 엉망이니 이해해 달라는 내용이었다. 그때 내 마음이 조금 움직였다.

나는 계속 편지만 받고 답장하는 것이 애매해서 편지는 전혀 하지 않았다. 그렇게 지내던 차에 오빠랑 같은 부대에 있다는 염정열 병장이 만나자고 연락이 왔다. 때마침 서울 연동교회에서 교사 강습회가 있어 올라가게 되어 그분을 교회에서 만났다. 그분은 "제가 아는 이정훈 중사는 아주 좋은 사람입니다. 제가 보증하지요. 참 좋은 사람이니 계속 교제해 보세요! 휴가 끝나고 부대 복귀할 때 결혼 허락한 편지를 가지고 들어갈 수 있도록 써 주실 거죠?"라고 했다.

하지만 마음이 내키지 않던 나는 그냥 좋은 오빠 동생으로 잘 지내자고 편지를 써서 그분 편에 보내 드렸다. 이렇게 몇 개월의 시간이 흐르고 친구 정애가 결혼하게 되어 오빠도 휴가를 나와 다시 만났다. 그때가 4월 6일 부활주일이었다. 오빠는 우리 교회에 와서 예배드리고, 사촌 여동생인 내 친구 정애 결혼식에 갔다.

그날 저녁 청년부 헌신예배 때 회장이던 내가 사회를 보고 맨

앞자리에 앉아 예배를 드렸다. 강사로 오신 목사님께서 "내 은혜가 네게 족하도다"(고린도후서 12:9)라는 본문으로 설교하셨다. 그때 마음 깊은 곳에 나를 향한 '그가 네게 족한 사람이다'라는 말씀이 들려왔다. 나는 그 자리에서 주저 없이 결단했다. '그를 내게 주신 사람으로 알고 받아들이겠습니다.' 우리는 그렇게 결혼을 약속했다.

그해 5월 말, 제대한 오빠와 교제하다가 7월 20일 내 생일날 담임목사님과 양가 친지들을 모시고 약혼 예배를 드렸다. 준비하는 과정이 쉽고 편하지만은 않았다. 때때로 치열한 갈등과 고민이 찾아왔지만, 주님께서 주시는 은혜로 이겨낼 수 있었다. 드디어 1980년 10월 9일 창훈대교회에서 한명수 목사님의 주례로 결혼예배를 드렸다.

신혼여행은 오빠가 근무하던 강원도 양구 부대 군목 목사님 댁에서 첫날밤을 지내고 설악산으로 가서 민박했다. 지금 생각하면 소박하고 엉뚱한 신혼여행이다. 야간열차 타고 서울로 돌아와 부모님께 인사드리고 다시 수원 창훈대교회로 와서 예배드렸다. 그리고 바로 교회 근처에 얻어 놓은 살림집으로 들어가 결혼생활이 시작되었다. 아무것도 모르던 철부지 둘이 부부가 되어 살아가는 일은 매일 실수의 연속이었다. 요리도 못하고, 살림도 서툴렀지만, 세월이 흐르며 우리는 서로를 알아가고, 이해하고, 사랑하게 되었다. 결혼생활이 어떤 건지 전혀 몰랐다. 그럼에도 벌써 45년간 함께 살았다. 돌아보면 모든 것이 은혜다.

아무것도 모르는 우리를 서로 잘 알아가게 하셨고 가정을 이루도록 은혜를 주셨다. 목회자로 세워 주셔서 지금까지 선하게 인도해 주셨다. 자녀들을 선물로 주셨고, 이 자녀들이 또 가정을 이루어 살도록 축복하셨다. 그 안에서 손주들을 안아 보았다.

결혼 후 45년을 살고 돌아보며 이제는 고백한다. "주님! '그가 네게 족한 사람이라'고 하신 말씀이 맞습니다." 아직은 풀어가야 할 숙제들이 남아 있지만 우리는 믿는다. 주님이 인도하시는 길이라면, 앞으로도 기쁘게 함께 걸어갈 수 있으리라는 것을.

결혼이 가져온 기적의 선물

초등학교 2학년 겨울 어느 날, 청소 당번이었던 나는 청소를 마치고 복도에 나와 보니 내 신발이 보이지 않았다. 아버지께서 새로 사주신 따뜻한 겨울 신발인데 없다. 발을 동동 구르고 있는데 담임선생님이 나오셔서 함께 찾아주셨다. 친구들 모두가 다 돌아간 뒤 신발장엔 내 신발은 없고 아주 낡고 지저분한 운동화만 남아 있었다. 선생님은 그거라도 신고 가라고 하셔서 가지고 나왔지만 신을 수 없을 정도로 너무 컸다.

집까지는 20리 길, 맨발로 걷는데 부끄러워서 넓은 신작로로 가지 못하고 논길을 걸어 집에 왔다. 얼마나 춥고 손발이 시린지 눈물이 뚝뚝 떨어졌다. 새 신발을 잃어버려서 혼날 생각에 마음도 움츠러들었다. 어린 마음에 손발이 얼어붙는 아픔보다 신발을 잃어버렸다는 속상한 마음에 집으로 돌아오는 길에 내내 울었던 것 같다. 꽁꽁 얼어서 집에 들어온 나를 어머님이 위로해 주시고 따뜻한 물로 씻겨 주시고 아랫목에서 언 몸을 녹여 주셨다.

다음날 아침, 나의 손발은 퉁퉁 부어 있었다. 동상이 걸렸고 그 동상은 나의 인생에 엄청난 두려움이 되었다. 아홉 살 겨울에 시작된 동상으로 인해 내가 결혼한 스물다섯 살까지 만 15년, 큰 고통을 받았다. 10월 말쯤, 우리 집 마당 끝에 있는 은행잎이 떨어지는 것을 보면 한겨울 동상에 대한 공포로 두려워 떨었다.

동상의 극심한 고통은 겪어 보지 않은 사람은 상상할 수 없다. 잠을 잘 수 없을 정도로 몹시 가렵다. 심하게 긁게 되면 물집이 생기고 터지면 피고름이 흘러나온다. 더 심해 썩으면 절단도 한다. 나도 어느 해인가 오른쪽 두 번째 발가락을 절단해야 할 정도로 곪아서 많이 쑤시고 아팠다. 아무리 피고름을 짜내도 깨끗하게 짜낼 수 없으니 어머님이 입으로 직접 빨아서 짜 주시던 기억이 난다. 그 정성 덕분에 다행히 상처가 잘 아물어 절단하지 않았다. 지금도 그 자리에 흉터가 남아 있다.

밤에 잘 때, 커다란 양말과 장갑에 콩을 담아서 손과 발을 넣고 자면 덜 가려웠다. 그런데 아무리 꽉 묶어도 풀어져서 콩이 흘러나와 온방 안에 굴러다녀서 등에 배기고, 같이 자는 형제들에게 피해를 주기도 했다. 당시 동상에 대해 알려진 민간요법은 거의 해본 듯하다. 가지나 마늘대를 삶아서 그 물에 담가 보기도 하고, 겨울에 꽁꽁 얼린 동치미 국물에 발을 넣어 얼려 보기도 했다. 소를 잡는 곳에 가서 똥자루를 얻어다가 따뜻하게 담그고 있으면 낫는다고 해서 더러운 똥 냄새가 나는 똥자루에 손과 발도 넣었다. 첫눈을 받아서 여름 복날에 마시면 좋다고 해서 그것도 해 보았다. 다 소용이 없었다.

한번은 침으로 동상을 고치는 분이 있다는 소개를 받아 찾아갔다. 얼어서 죽어 있는 피를 뺀다고 했다. 손과 발에 수백 개의 침을 꽂은 다음 꽉꽉 눌러서 피를 빼는데 비명이 터져 나왔다. 죽을 것 같은 고통도 참았다. 손과 발은 피로 물들고 침 자국이 숭숭 나고 퉁퉁 부어서 몇 날을 제대로 걷지도 못했다. 하지만 낫지 않았고 여전히 심한 동상으로 고생했다.

나는 겨울이 몹시 싫었다. 아니, 동상이 정말 무서웠다. 매해 겨울이면 반복되는 고통으로 우울했다. 손과 발은 기본이고 심할 때는 귀와 얼굴도 붓고 통증이 왔다. 학생 시절 나의 동상은 우리 반에서 유명했다. 청소도 다 빼주었고, 단체로 의자 들고 벌서는 일에서도 제외되었다. 여러 가지 요법으로 치료해도 재발이 거듭되자 부모님과 나 역시 동상은 그저 평생 가지고 가는 것으로 알고 치료를 포기했고 받아들였다. 매년 겨울이 되면 재발하고 민간요법을 쓰며 견디다가 봄이 되면 깨끗이 나아서 그러려니 하고 살았다.

1980년 10월 9일 결혼하고 맞이한 첫 겨울, 여전히 두려워하며 겨울을 만났다. 놀라운 반전이 일어났다. 따스한 봄이 오기까지 동상이 생기지 않았다. 그 이후 45년이 지나는 지금까지 한 번도 동상으로 고생하지 않았다. 남편은 "나랑 결혼 잘해서 고질병인 동상이 나은 거야" 한다. 그 말이 맞는 것 같다. 정말 신기하게 결혼 이후, 동상이 깨끗이 나았다. 지금은 동상으로 고생했던 모든 것을 다 잊어버렸다. 이젠 겨울이 두렵지 않다.

내가 결혼을 참 잘했나 보다. 결혼이 내게 준 가장 따뜻한 선물, 그 기적 같은 선물에 나는 지금도 감사한다.

"이 구두 웬 거예요?" 현관 신발장에 낯선 구두가 보여서 남편에게 물었다.

"내가 샀어." 남편이 대수롭지 않게 말했다.

혼자 구두를 사는 일이 드문 남편이라 더 궁금해서 캐물으니 친구 목사님이 소개해서 샀단다. 가격을 듣고 한 번 더 놀랐다.

"48만 원인데 기능성 구두라 건강에 아주 좋대."

친구의 부탁을 거절하지 못하고 샀다는데, 아무도 말릴 수 없는 사람이다. 남편과 함께 살아온 지 벌써 45년. 살면 살수록 느끼는 건 정말 사람 하나는 참 괜찮다는 것이다. 까칠하지 않고, 계산하지 않으며, 누가 칭찬해도 들뜨지 않고, 누가 비난해도 낙심하지 않는다. 항상 성경 말씀 중심으로 살려고 애쓰며, 모든 일에 감사로 반응한다. 심지어 설교가 없는 날 새벽기도회에도 꼭 샤워하고, 정장에 넥타이까지 매고 간다. 그 모습에 나는 지금도 감동한다.

모임이나 약속이 겹쳐도, 어떻게든 얼굴이라도 비추려고 뛰어다닌다. 누군가 주최한 모임이니 힘을 보태야 한다는 마음으로. 누가 이런 사람을 싫어할 수 있을까? 누가 뭘 부탁하면 거절하지 못한다. 사지 않아도 될 물건도 사고, 빌려줄 여유가 없어도 돈을 꿔서라도 빌려 준다.

그래서 우리 집엔 아직도 받지 못한 돈이 많다. 그 일로 화내고 속상해했던 적도 많았지만,

이제는 그저 조용히 넘어간다.

남편은 말한다. "그걸로 힘들어할 필요 없어." 정말이지, 남편은 손해나는 것을 계산하지 않고, 사람을 믿고 품는다. 함께 식사하면 늘 먼저 계산하고, 카페에 가도 말없이 결제한다. 내 계산기엔 손해가 쌓이지만, 그 마음의 계산법엔 늘 여유와 평안이 있다. 하나님은 그런 그의 중심을 아시는지 항상 부족하지 않게, 때마다 꼭 필요한 만큼 채워 주신다. 나는 그걸 옆에서 보고 안다.

남편은 교계나 지역사회에서 늘 여러 일을 맡고 있다. 뭔가 잘해서라기보다, 그냥 사람들에게 편안하게 다가가 주는 그 태도 하나만으로 신뢰를 얻는다. 나서서 훈수 두거나 반대하지 않는다. 그저 조용히, 성실하게 돕는다. 그러다 자연스럽게 중심에 서고, 마침내 기관의 장이 되기도 한다. 역할이 끝나도 도와주는 일은 계속된다. 참 신실한 사람이다. 그 부분은 나도 진심으로 인정하

고, 늘 칭찬해 준다.

2023년 10월, 남편은 급성심근경색으로 병원에서 응급 시술을 받았다. 그 사건을 통해, 나는 또 한 번 알게 되었다. 남편이 얼마나 많은 사람에게 덕을 끼쳤는지. 수많은 이들이 눈물로 기도했고, 모임마다 회복을 위해 마음을 모았다. 덕분에 빠르게 건강을 회복했고, 지금은 다시 일상으로 복귀했다. 늘 평안하게 살아가는 이유, 나누고 베풀며 살아온 세월이 남편의 삶을 든든히 지켜 주는 것 같았다.

나는 남편과는 반대 성향의 사람이었다. 정확히 따지고, 손해 보지 않으려 하며 끝까지 받아내야 직성이 풀렸다. 하지만 어느 순간부터 나도 달라지고 있었다. 이해하고 참아내며, 더 주는 사람이 되어가고 있었다. 지나고 보니, 그 삶이 훨씬 이익이다. 마음이 편하고, 삶이 여유롭다.

성경은 이렇게 말한다. "흩어 구제하여도 더욱 부하게 되는 일이 있나니 과도히 아껴도 가난하게 될 뿐이니라. 구제를 좋아하는 자는 풍족하여질 것이요 남을 윤택하게 하는 자는 자기도 윤택하여지리라"(잠언 11:24~25).

내가 옳다고 믿었던 방식, 그것보다 훨씬 큰 평안을 주는 삶. 이제는 알겠다. 남편의 방식이 결국 옳았다.

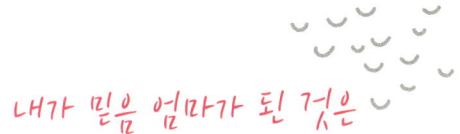
내가 믿음 엄마가 된 것은

1981년 1월. 결혼한 지 세 달이 지나 입덧이 시작됐다. 아무것도 먹을 수 없고, 조금만 먹어도 토해내기 일쑤였다. 기운은 하나도 없고, 태교는커녕 잠조차 잘 수 없는 날들이 이어졌다. 그때 남편이 내밀었던 작은 쪽지엔 이렇게 쓰여 있었다. '믿음이를 위한 기도.' 남편은 살아보니 결국 믿음보다 귀한 게 없다고 했다. 그래서 아이의 이름을 '믿음'이라 짓고 싶다고 했다. 처음엔 너무 촌스럽게 느껴져 마음에 들지 않았다. 그런데 이상하게도 이름을 부르며 기도할수록 마음에 들어오기 시작했다.

"여호와께서 이르시되, 내가 아이를 갖도록 하였은즉 해산하게 하지 아니하겠느냐"(이사야 66:9). 입덧으로 고통스러운 시기, 이 말씀을 붙잡고 병원 한 번 가지 않고 버텼다. 해산이 가까워지자 보건소에서 진료받고, 출산 준비물을 챙겼다. 그해 8월, 우리가 섬기고 있는 수원 창훈대교회, 여름 행사를 다 마치고 서울 시댁으로 올라가 어머님을 설득해 가정 분만을 준비했다. 8월 27일 새벽, 밤새 이어진 진통 끝에 드디어 아기를 안았다.

남편이 처음 지어주었던 이름, '믿음'이를 부르며 아기를 품에 안는 순간, 눈물이 주르륵 흘렀다. 생명이란 이렇게 큰 감동이구나. 이 작은 생명이 내게 준 기쁨은 말로 다 표현할 수 없었다. 속눈썹이 길어 살포시 눈을 감고 있으면 꼭 깨물어 주고 싶을 만큼 예뻤다. 육아일기를 쓰며 매 순간을 기록했고, 매일 감사와 기쁨이 넘쳤다. '믿음이 엄마'라고 불리우는 게 그렇게 좋았다.

믿음이는 누구보다 사랑받는 아이로 자랐다. 유치부 예배 시간에 '믿음'이라는 단어가 나올 때마다 "엄마, 왜 내 이름이 그렇게 많이 나와?" 하며 물었다. 한 번은 버스에서 졸고 있는데, 중학생 누나들이 다가와 "너무 귀여워요. 이름이 뭐예요?" 하기에 "믿음이야" 했더니 "우와, 진짜 이름 좋아요!"라며 칭찬했다. 장난기 발동한 나는 "근데 성이 안 좋아" 하며 "안씨야, 안 믿음!"이라고 하니 "어머, 어떻게 해?" 자기들끼리 손뼉을 치며 깔깔대며 웃었던 기억도 난다. "농담이야. 성은 이씨, 이믿음이야."

또 어떤 날은 전철 안에서 조용히 스케치북에 그림을 그리던 믿음이와 반대로 어떤 여자아이가 전철 안을 뛰어다녔다. 아빠가 "믿음아!" 부르기에 반가워서 다가가 인사했다. "따님 이름이 믿음이에요? 우리 아들도 믿음이에요. 교회 다니시나 봐요?" 하니, "아뇨, 그냥 '신뢰'라는 뜻이 좋아서요"라고 했다. 그 순간도 참 인상 깊었다.

늘 그렇게 기도했고, 믿음이는 병원 한 번 안 가고 건강하게 잘 자랐다. 그런데 어느 날, 그 믿음이에게 적수가 나타났다. 동생, 소망이가 태어난 것이다. 믿음이 나이 19개월. 우리는 그때 믿음이의 세계에 그 어떤 변화보다도 큰 충격이었을 줄은 몰랐다.

모든 관심과 사랑이 하루아침에 동생에게로 쏠렸고, 믿음이는 밀려난 기분이었을 것이다. 심지어 방문객들조차 믿음이는 쳐다보지도 않고 갓난 동생만 안아주니 얼마나 상처받았을까. 결국 믿음이는 동생을 미워하고 때리며, 떼를 부리는 아이로 변했다. 엄마가 동생에게 젖을 물리면 곁에 와서 자기도 먹겠다고 울고, 기저귀를 갈면 자기도 눕는다. 아기를 안으면 자기도 안아달라고 소리친다.

그때 나는 너무 지쳐서 믿음이에게 소리 지르고, 화를 내고, 심지어 발로 밀쳐내기도 했다. 지금 생각하면 얼마나 미안한지 모른다. 그 어린 마음이 얼마나 혼란스러웠을까. 내가 미처 몰랐고, 돌보지 못한 것이다.

믿음이는 자라는 내내, 고등학교 때까지 소망이 형으로 군림했다. 자기 말에 복종하게 했고, 심부름도 많이 시켰다. 소망이는 그 형을 운명처럼 받아들이고 늘 잘 따랐다. 다행히 하나님의 은혜로 고3이 되면서 둘은 정말 좋은 친구처럼 가까워졌다. 지금은 누구보다 우애가 깊은 형제가 되어서 그저 감사할 뿐이다.

　이 경험은 내게 커다란 교훈을 줬다. 그래서 지금도 동생을 낳는 어머님께 꼭 말한다. "첫째 아이의 마음, 감정을 꼭 알아주세요. 오히려 첫째에게 더 많은 사랑을 주세요." 믿음이를 처음 품에 안았던 그날, 그 감동은 평생 내 마음에 남아 있다. 믿음이 덕분에 나는 '믿음 엄마'가 되었고, 믿음의 사람으로 살아가고 있다. 이보다 더 큰 감사가 있을까?

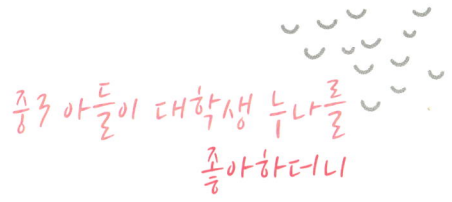

"사모님! 믿음이 좀 말려주세요!" 교회 대학청년부 '명선'이가 나를 찾아와 부탁한다. 믿음이가 네 살 위인 누나가 좋다고 자꾸 따라다닌다는 것이다. 믿음이는 사춘기 시절, 큰 방황이나 갈등 없이 비교적 잘 지냈다. 언제나 우리 부부에게 착하고 신실한 아들인데 대학생 누나가 좋다고 따라다닌다고 하니 은근히 걱정되었다.

믿음이를 불러 이야기해 보았다. "믿음아! 명선이 누나가 그렇게도 좋아? 어떤 면이 우리 믿음이 마음에 들었을까?" 물어보니 "세상에서 제일 예쁘고, 믿음이 좋고, 마음씨가 곱다"고 한다. 믿음이의 마음을 존중해 주고 "그래도 지금은 대학 진학을 위해 공부하는 때니까 조금 기다려 주면 안 될까?" 하는 정도로 끝냈다.

믿음이의 꿈은 어릴 때부터 '목사'였다. 그림을 잘 그려서 미술 선생님께서 미술 전공하라는 권유를 했지만, 한 번도 목사의 꿈을 놓지 않았다. '동산고' 재학 당시 친구들이 진로상담을 받으며 고민할 때도 당연히 목회자를 위한 공부를 선택했다. 신학대학에 바로 진학해도 좋겠지만 대학은 일반대학에서 '기독교 교육'을 공부하고 대학원에서 '신학'을 공부하고 싶어 했는데 하나님께서 그렇게 선하게 인도해 주셨다.

언제부터인가 명선이가 믿음이와 함께 다니는 것이 눈에 띄어 물었다. "명선아! 어떻게 된 거야?" 했더니 "저도 좋아하게 되었어요!" 하며 웃는다. 이들은 사랑을 조금씩 키워 나가 믿음이의 짝사랑이 드디어 열매를 맺었다. 우리 부부도 대학청년부에서 신앙생활하는 명선이가 좋은 인품을 가졌고, 신실하고 마음 따뜻한 자매인 것이 느껴져서 기뻤다.

어떤 청년들은 이성 친구를 가볍게 만나고 쉽게 헤어진다. 교회 안에서도 그러한 만남과 이별은 상처를 주고받기도 하고, 공동체를 떠나는 아픔도 가져올 수 있다. 일편단심 '명선이 누나'를 사랑한 믿음이는 군 복무 시절에도 여러 번 깜짝 이벤트로 '누나'를 감동시키기도 했다.

사돈이 된 명선이 어머님은 보령에서 사회복지 기관에 '보육사'로 25년 성실하게 근무한 권사님이다. 나는 한 기관에 25년 이상 근무했다는 그 하나만으로도 이 가정이 얼마나 신실한 가정인지 높은 점수를 주고 싶다. 꾸준하다는 것은 그만큼 좋은 성품을 가졌다고 인정하기 때문이다. 위로 두 명의 언니들과도 사이가 좋아 원만한 가정생활이 보인다.

막상 두 사람의 결혼 문제를 가지고 명선이네 가족과 이야기해 보니 어린 믿음이가 마음에 들지 않아 반대가 심했다. 충분히 이해할 수 있는 상황이라 계속 기도하며 기다리던 가운데 믿음이가 대학 4학년 때 결혼하도록 허락해 주셔서 이들은 가정을 이루었다. 믿음이가 친구들 가운데 첫 번째로 결혼하다 보니 친구들이 많이 와서 축하해 주었다.

하나님께서 가장 좋은 짝을 만나게 하셨고 복된 가정을 이루게 하셨다. 우리 가정에 큰 며느리로 들어온 명선이는 마음이 따뜻하고 성품이 참 예쁘다. 처음엔 전공대로 무역회사를 다녔지만, 엄마를 보고 자란 영향으로 사회복지학을 다시 전공하여 교회 안에 '지역아동센터'를 세워 센터장으로 10년 근무했다.

지역아동센터는 정부 지원 복지시설로 방과 후 학교라 어려운 가정의 아이들이 많이 왔다. 아이들을 사랑으로 품고 잘 돌보며 좋은 관계를 맺어 지금도 찾아온다. 항상 바른생활로 귀감이 되는 좋은 며느리다. 중3, 어린 믿음이 눈에도 누나의 그 반듯한 모습이 보였나 보다. 하나님께서 우리 부부가 기도한 대로 복을 주셨다.

가정을 이루고 직장생활을 하면서도 부모의 간절한 바람을 알고 자녀들을 많이 낳았다. 사랑(고2), 기쁨(중2), 온유(중1), 충성(초

5), 딸 둘, 아들 둘이다. 아들 부부가 자녀를 신앙으로 잘 키우며 행복하게 결혼 생활하는 모습은 우리에게 큰 기쁨이다. 나는 항상 우리 손주들에게 기도해 주며 '때가 되면 좋은 배우자를 만나게 될 테니 지금 섣불리 이성 친구를 만나면 안 된다'고 말한다. 그러면 고2 손녀 사랑이는 정색하며 "할머니! 우리 아빠는 중3 때 엄마를 좋아했다구요! 저는 그 나이보다 더 많아요"라고 한다.

이들은 하나님의 은혜 안에 목사로 부르심 받고, 용신교회에서 중고등부 3년, 부곡교회에서 3년 부목사로 섬겼다. 그리고 2019년부터는 목포 사랑의 교회에서 사역했다. 하나님이 좋은 기회를 주셔서 아들은 중등부와 담임목사님 비서로도 섬겼다. 덕분에 존경하는 백 목사님 가까이서 늘 수행하며 좋은 영향을 받을 수 있었다. 목회에 필요한 교구 사역과 교육부 사역을 감당하다 보니 어느새 4년이 훌쩍 지났다.

그리고 이제 이믿음 목사는 우리 부부가 개척하여 섬기던 용신교회에서 아버지와 함께 동역하며 후임자로 목회를 시작했다. 하나님께서 기뻐하시는 신실한 종으로 끝까지 행복하게 사역할 수 있도록 응원하며, 믿음이 엄마로서 기도를 쉬지 않을 것이다. 우리 공동체와 모두에게 큰 은혜와 축복이 되길 소원한다.

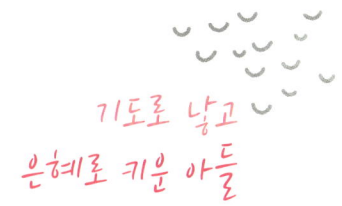

기도로 낳고 은혜로 키운 아들

　내 나이 스물여섯 살, 첫 아이를 임신하고 기도하던 중 "여호와께서 이르시되 내가 임산케 하였은즉 어찌 해산케 하지 아니하겠느냐"는 이사야 66장 9절 말씀을 받았다. 당시 의료보험도 없고 살림도 빠듯해 병원에 갈 엄두조차 나지 않았다. 출산이 임박해서야 보건소에서 무료 진료를 받고 분만 세트를 받아왔다.

　서울 시댁에서 시어머님과 형님께서 출산을 도와주셨는데 진통으로 고통스러워하는 나를 보며, 도저히 안 된다고 병원에 가자고 하셨다. "기도했으니 걱정하지 마세요"라고 말씀드리고 진통을 견뎠다. 하나님의 약속대로 건강하고 안전하게 첫아들을 가정 분만으로 순산했다.

　첫아이 출산 경험이 있는 터라 둘째 아이도 가정 분만을 위해 기도했다. 1983년 3월 18일은 금요일이다. 아침부터 진통이 시작되어 빌려줬던 배냇저고리와 아기 싸개를 찾아다 놓았다. '예정일이 이틀 남았는데 진통이 온다'고 친정어머님께 전화를 드렸더니 오산에서 수원까지 두 시간 만에 달려오셨다. 남편은 구역예배 인도 차 외출했고, 어머님의 도움으로 가정 분만을 잘했다.

첫아이 낳을 때는 시어머님과 형님이 겁을 먹고 내 손을 꼭 잡고 무조건 '힘을 주라'고 외치셔서 계속 힘을 주는 바람에 출산 후 온몸의 근육이 심하게 아팠다. 산파 경험이 많던 친정어머님은 "아무 때나 힘주면 안 돼. 아기도 나오려고 힘을 줄 때가 있어. 그때 같이 힘을 주면 된다"고 알려주셨다. 정말 그랬다. 태중에 있는 아기도 나오려고 있는 힘을 다해 애를 쓰는 그 시간이 있다. 그때가 힘을 줄 때였다. 그것이 느껴질 때 나도 힘껏 힘을 주었더니 아이가 쉽게 태어났다.

건강하게 태어난 둘째 아들을 보니 감동이 몰려와서 "하나님! 감사합니다!" 외치며 펑펑 울었다. 큰아들이 믿음이라 둘째는 딸을 낳으면 사랑이로, 아들을 낳으면 소망이로 짓기로 했는데 소망이가 왔다. 갓 태어난 아이는 2.8*kg*으로 바싹 마른 모습이라 얼굴과 온몸이 주름투성이다. 당시 입덧도 심했지만 기본 생활비만 받는 교육전도사 사례비로는 먹고 싶은 것을 제대로 먹을 수 없었다. 성도들이 심방 와서 외치던 말이 "완전 E.T 같다"고 했다.

그 아들은 건강하게 잘 자라주었다. 내가 문을 연 어린이집에 첫 학생으로 들어와 친구들과 잘 어울렸다. 아들은 주일학교에서도 적극적으로 활동했다. 학교 공부도 참 잘했고, 리더십이 있어서 늘 반장을 했으며, 상을 자주 받아왔다. 성경 암송, 찬양, 운동, 악기, 그림 그리기 등 뭘 해도 잘했다. 유별난 사춘기도 없었다. 원하던 대학교에도 한 번에 합격하고, 군 생활도 충실히 마쳤다.

그 아들은 부모인 우리를 한 번도 속상하게 한 적이 없이 잘 성장했다. 때가 되어 좋은 배우자를 만나 행복한 가정도 이루었다. 결혼한 뒤에 할머니와 부모를 모시고 10년을 함께 살았다. 아들 내외는 불편한 일이 많았을 텐데 힘든 내색 없이 잘 살아주었다. 자녀를 많이 낳아야 한다는 부모 말에 순종하여 네 명의 자녀를 낳았다. 늘 기도하며 말씀으로 자녀들을 잘 양육했다.

아들과 며느리는 각자의 은사에 맞게 직장생활도 최선을 다하고 교회에서 맡겨진 사역도 감사하며 잘 감당하고 있다. 근면 성실하고 검소하게 열심히 살더니 좋은 때에 살기 편하고 넓은 집을 장만하여 분가해서 보금자리를 만들었다. 사남매와 알콩달콩 행복하게 잘 살아주어 고맙다. 돌아보면 모든 것이 오직 하나님의 은혜다.

하나님께서 우리 부부의 기도를 들으시고 때를 따라 아들을 이 땅에 보내 주셨다. 우리의 생각보다 멋지게 키워 주셨으며, 믿음의 가정을 이루게 해주셨다. 우리가 부모로서 할 수 있는 일이란 기도밖에 없다. 날마다 기도하며 사랑하는 자녀들의 가정을 축복하는 부모로 사는 행복을 누리고 있다. 올해 생일을 맞이하는 아침에 아들에게 "고마워! 사랑해!"라는 문자를 보냈다. 나는 행복한 엄마이고, 할머니다. 이러한 놀라운 은혜를 누리게 하시는 좋으신 하나님 아버지께 무한 감사드린다.

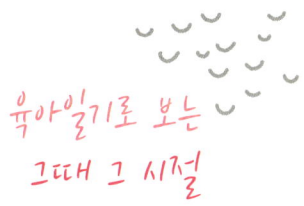

육아일기로 보는
그때 그 시절

오래된 낡은 일기장을 펼쳤다. 지금 마흔 두 살, 둘째 아들 소망이의 육아일기장이다. 잠깐만 보려 했는데 어느새 나는 글 속에 푹 빠져들었다. 임신부터 출산까지, 그때의 감동이 생생하게 담겨 있었다. 출산의 고통과 기쁨이 다시 밀려왔다. 기록의 힘이 이렇게 클 줄이야.

나는 어른이 되었을 때 내 유년 시절이 참 궁금했다. 단편적인 장면은 기억나지만, 선명하게 남아 있는 것은 드물다. 여섯 살 때, 다섯 살 차이 나는 막내 동생이 태어나던 날이 내 생애 첫 기억이다. 언니는 큰 남동생을 업고 있었고, 나는 그 옆에 서 있었다. 마당에는 뭔가를 태우고 있었고, 대문에는 숯과 고추가 걸려 있었다. 짧은 단편 기억들이 있지만, 희미한 기억뿐이라 묻고 싶은 건 많아도 물어볼 수 없다는 게 늘 아쉬웠다.

그래서 아이들을 낳으며, 나는 자녀들의 일상을 기록하기 시작했다. 첫아이를 임신했을 때부터 육아일기를 썼다. 입덧의 고통과 태동의 신기함, 출산의 감동, 옹알이와 첫걸음, 주고받은 선물까지 모든 순간을 소중히 기록했다. 작은 발자국 하나하나가 내 마음속에 사진처럼 남도록.

두 아들의 성장 과정을 기록한 일기장은 이제 내게 소중한 추억의 보고이자, 내 인생을 되돌아보게 해주는 또 하나의 자서전이 되었다. 성장하는 과정들이 선명하게 남아 있어 그때의 감동을 추억할 수 있다. 하마터면 다 잊어버릴 뻔했던 이야기들이 수도 없이 그려져 있다. 젖을 먹이며 감동의 눈물을 흘렸던 날도 있었고, 샛노란 똥 냄새를 맡아 보며 기저귀를 갈아주던 장면도 있다. 처음으로 '엄마'라고 불러 주던 말에 가슴 벅찼다. 처음으로 일어섰던 날은 박수치며 좋아했다. 유모차를 태워 산책했던 그 길도 생각나고, 두 형제가 세발자전거를 타며 동네를 달리던 일도 기억난다.

나는 아무것도 모른 채 엄마가 되었다. 육아에 대한 지식도 준비도 없었다. 18개월 터울 두 아들을 키우며 실수도 많이 했다. 뜨거운 국물에 손을 데기도 했다. 추운 겨울날, 급한 일 처리한다고 두 살, 네 살 된 아이들만 방에 두고 20여 분 동안 외출했다 돌아오니 큰 녀석이 방문을 열고 작은 녀석은 기어 나와 쌓인 눈 속에 있다가 감기에 걸리기도 했다.

육아일기를 보니 부족한 엄마였음에도 때에 맞는 발달 단계를 거치며 잘 성장했다. 유아기를 지나 학령기가 되고 청소년기를 거쳐 청년이 되었다. 모든 순간이 일기장 안에 살아 있다. 스탬프로 찍어둔 손발의 크기가 점점 커지고, 그 시절의 놀이터 그림, 친구의 이름들, 가구 배치와 잠자던 위치까지 사진처럼 생생하게 담겨 있다. 살다가 어느 동네 어떤 집으로 이사했는지도 보인다.

당시에는 사진이 흔하지 않던 시절이라 이렇게 그려진 그림은 사진과 같아서 그때를 재현하듯 기억해낼 수 있어 좋다. 아들이 두 돌 되었을 때 어느 날엔 10원짜리와 1원짜리 동전을 삼켜서 가까스로 빼내고 그 동전을 그대로 노트에 붙여 둔 것도 보인다. 가끔씩 학교 성적표도 붙어 있고 특히 대학 진학 시 성적표와 수험표 그리고 합격증서도 붙어 있다. 일기장은 대학생활까지 계속되었고, 군 복무 후 친구들과 유럽 여행 다녀오는 것까지 쓰고 끝났다.

아들에게 써 준 일기장을 보며 혼자 웃고 울고, 감사하고, 행복하고, 후회하고, 그리워했다. 지나온 날들을 돌아보니 내 삶이 얼마나 풍요로웠는지 새삼 느꼈다. 만약 지금 다시 아이를 키우라고 한다면 더 잘할 수 있을 것 같다. 하지만 그 기회는 다시 오지 않기에, 지금은 손주들에게 남겨 줄 사랑을 더 많이 주고 싶다. 그리고 짧게라도 '할머니의 손주 일기'를 써보면 어떨까?

다리에 멍은 들었지만, 가슴은 멍들지 않아

"할머니, 다리가 아파서 잠이 안 와요!"

열한 살 손주 온유의 신음에 깜짝 놀라 잠옷을 걷어보니 세상에나! 다리와 엉덩이가 심하게 멍이 들어 있다. 이유를 물으니 아빠에게 맞았다고 한다. 아동학대 신고감이다. 어째서 이렇게 심하게 맞았냐고 물으니 아빠가 영화 한 편만 보라고 하셨는데, 두 편을 봐서 아빠 말을 듣지 않아서 맞았다는 것이다. "할머니가 아빠의 엄마니까 아빠를 좀 때려 줄까?" 물으니 고개를 설레설레 흔든다.

내 마음속으로 '에고, 저런! 자기는 어땠는데? 아들도 어렸을 때 엄마인 나 몰래 '슈퍼마리오' 게임을 하다 걸려 혼쭐나기를 여러 번 했는데' 하며 혀를 끌끌 찼다. 이렇게 심하게 때리다니 하는 마음에 손주를 보는 마음이 짠해서 멍든 다리와 엉덩이를 쓰다듬어 주었다. 요즘 아이들 최대의 위기가 미디어에 끌리는 마음을 어떻게 제어하지 못하는 것 같아 안타깝다.

나에겐 초등학교 5학년부터 고등학교 3학년까지 여덟 명의 손주가 있다. 두 아들 가정에서 태어나고 자라는 아이들이 각기 네 명씩이다 보니 좌충우돌 사연도 많다. 요즘 세상에 누구나 흔하게 가지고 있는 핸드폰이 손주들에겐 없다. 현재는 대학생이 되기까진 핸드폰을 안 사준다고 결정한 상태다. 국제학교와 기독교 대안학교에 다니다 보니 자연스레 핸드폰을 가까이 접하지 못한다. 그래도 게임이나 유튜브에 대한 관심도 있고, 친구들 어깨 너머로 보고 배우기도 한다.

어쩌다 부모에게 들키기라도 하면 이렇게 혼내기도 하고 벌을 주기도 하며 여러 모양으로 제재한다. 다른 아이들은 자기 핸드폰을 가지고 마음대로 하고 싶은 것을 하는데, 잠깐 허락 맡고 하다가 더하고 싶어 조금 더한 것을 가지고 야단치는 부모의 마음이 때론 원망스러울 때도 있을 것이다. 할머니의 심정으로는 공기계라도 사주고 조금이라도 하게 해주고 싶지만, 미디어 중독의 심각성에 대해 익히 아는 바라 그럴 순 없다.

손주가 엉덩이와 다리가 멍이 들고 아파해서 내 마음도 잠시 아팠으나 아들이 잘한다고 생각했다. 어린아이들은 아직 옳음과 그름을 제대로 판단할 수 없다. 그래서 때에 맞는 훈육과 지도가 필요하다. 지금 바로 잡아 주지 않는다면 더 성장해서는 쉽지 않다. 성경은 아이의 마음에는 미련한 것이 얽혀 있다고 하는데 채찍이 이를 제거할 수 있다고 한다.

자녀들은 미디어에 노출되어 점점 미디어 중독으로 통제할 수 없는 심각한 상태인데도 부모는 자녀를 위해 제대로 된 훈육을 마음대로 할 수 없는 시대가 되었다. 아이들이 하고자 하는 대로 '오냐 오냐' 하며 허락하는 기가 막힌 현실이다. 이런 가정에서 아이들이 어떻게 제대로 지도받고 올바른 민주사회 시민으로 성장할 수 있을까.

아파하는 손주를 끌어안고 기도해 주었다. 다행히 손주는 아빠에 대해 원망하는 마음이 없었다. 자신이 정말 잘못한 것을 알고 있고, 계속해서 아빠를 속이고 싶지 않았다고 한다. 다리에 멍은 심하게 들었지만 가슴엔 멍이 안 든 것 같아 다행이고 감사했다. 워낙 학교 공부도 잘하고 가정에서도 형제들과 잘 협력하고 있어 고맙다. 때론 다른 친구들처럼 게임도 하고 싶고 유튜브도 보고 싶을 텐데 '부모가 조금은 허락하고 응원해 주었으면' 하는 할머니의 작은 바람이 있다.

아이들이 올바른 가치관을 가지고 잘 자라기 점점 어려운 세상이다. 부모들도 어떻게 자녀들을 잘 키워야 할지 몰라 많이 방황한다. 이 세상에 아이들의 마음을 빼앗는 것이 참 많다. 하나님의 말씀 안에서 자녀들을 바라보고 기도하며 키울 수밖에 없다.

오직 하나님의 말씀으로 훈육하고 지도하기에 정신을 바짝 차려야 한다. "모든 성경은 하나님의 감동으로 된 것으로 교훈과 책망과 바르게 함과 의로 교육하기에 유익하니 이는 하나님의 사람으로 온전하게 하며"(디모데후서 3:15~17).

시대적인 사명을 깨닫고 맡겨 주신 자녀들과 학생들을 사랑하며 잘 키우고 싶다. 아픈 마음을 어루만져 주면서 갖는 나의 바람은 꼭 필요한 사랑을 제때 충분하게 주어 건강하고 행복한 사람으로 성장하는 것이다. 이 소중한 일을 누가 할 수 있을까? 거룩한 부담을 가진 사람이 곧 사명 받은 사람이라고 들었다. 몸과 마음이 멍들지 않도록 주님의 사랑을 넘치도록 부을 수 있는 특별한 은총을 간구한다.

손주 캠프

　매주 토요일 저녁이면 작은아들네 사남매인 행복(중2), 좋은(초6), 하늘(초4), 나라(초2)가 우리집 손주 캠프에 들어온다. 계단을 쿵쾅거리며 뛰어 올라오는 소리, 현관문이 열리자마자 "할머니!" 외치는 소리에 온 집안이 떠들썩하다. 차례대로 한 명씩 안기고 얼굴 비비고 등도 토닥인다. 이 기쁨을 누리는 맛에 힘든 것도 모르고 8년째 손주 캠프를 이어가고 있다.

　손주 캠프는 할머니와 손주들이 함께하는 특별한 놀이다. 다 함께 한 건물에 살던 우리 가족에겐 두 아들 가정에서 자녀들이 계속 태어나면서 우리 가족만의 가족문화가 있었다. 하나는 한 달에 한 번 온 가족이 함께 장을 보는 일로 자녀들 가정에 필요한 물품을 사준다. 또 하나는 매주 한 번 온 가족이 모여 가정예배를 드린다. 예배가 끝나고 각자 집에 가야 하는데 손주들이 계속 사촌들과 할머니랑 놀고 싶어 했다.

그래서 2014년 3월부터 매주 토요일마다 손주 캠프가 시작되었다. 첫 손주 행복이가 막 초등학교 입학했고, 막내 충성이는 태어나기 전이고 일곱째 나라는 돌도 안 된 아기라 참여하지 않아 모두 여섯 명이 시작했다. 그러다 2019년 큰아들 가정이 목포로 이사 가서 한동안 둘째네 사남매만 함께했다.

인사가 끝나면 가방을 쇼파에 던져 놓고 책을 읽기 시작한다. 그러는 사이 나는 주로 아이들이 잘 먹는 간식을 준비하는데, 무엇을 해주어도 잘 먹어서 고민할 게 없다. 떡볶이, 묵무침, 두부김치, 찐 고구마, 옥수수, 과일과 빵 등을 만들어 주면 맛있다고 엄지 척을 하고 감사하게 잘 먹는다. 그렇게 한바탕 책을 읽고 간식을 먹고 나면 넷이서 놀이를 하는데 때론 소리를 지르며 싸우기도 하지만, 다양하고 멋진 창의적인 놀이를 개발하며 잘 논다.

거실 한쪽에 마련한 아이들 놀이터는 매주 변화무쌍하고 신기한 놀이터로 변신해 아이들에게 환상의 세계를 만들어 준다. 이불이 동원되기도 하고 전구를 켜기도 하고 동굴을 만들기도 한다. 때론 백화점이 되고 학교 교실도 되고 방송국도 된다. 어떤 때는 제법 틀을 갖춘 연극을 무대에 올려 관객이 오직 한 명뿐인 나를 박장대소하게 만든다. 씨름판을 벌여 즐거움을 줄 때도 있다.

술래잡기 하느라 장롱이며 책상 밑이며 침대 속이나 커튼 뒤 등을 마구 쑤셔 대지만 손주들이 신나게 노는 것이 마냥 행복하다. 아이들 소리가 워낙 커서 아래층에 피해가 갈까 봐 종종 나도 함께 소리를 질러 자제하기도 한다. 아주 심하게 노는 날은 아래층에서 층간소음이 심하다고 하소연하며 올라올 때도 있다. 그때마다 죄송하다고 고개 숙이고 사과드리며 한 번 더 손주들에게 자제해 달라고 요청한다.

간식을 먹고 신나게 놀다가 지쳐 갈 무렵 각자에게 사준 노트에 글쓰기를 한다. 처음 몇 주 동안은 똑같은 주제로 글을 썼지만, 나이 차이가 있어 어려워하다 보니 자유 주제로 쓰게 했다. 글을 보면 한 주간의 삶을 들여다볼 수 있고 생각을 읽을 수 있어 참 좋다. 때로는 힘들어하고 대충 성의 없이 마구 쓸 때도 있지만, 할머니의 뜻에 따라주며 어떻게든 쓰려고 노력하니 감사하다. 날로 발전하는 모습이 보여서 기대가 된다.

밤이 좀 더 깊어지면 이불을 펴고 예배를 드린다. 찬양은 큰 손주인 행복이가 준비해서 인도하는데 제법 잘하고 있어서 늘 칭찬해 준다. 말씀 시간엔 '웨스트민스터 소요리 문답'으로 공부했는데, 끝까지 다 마쳐서 이젠 성경의 맥을 나눈다. 말씀을 가르치면서 나도 더 깊은 은혜를 받게 된다. 마지막으로 손주들이 돌아가며 기도하는데, 손주들 기도에 내가 마음이 뜨거워지고 감사의 눈물을 종종 흘린다. 예배를 드리고 나서 내가 손주들에게 기도해 주고 잠자리에 들 때면 이들만의 잠자리 놀이가 시작된다. 끝

할머니가 행복, 좋은, 하늘, 나라, 사랑, 기쁨, 온유, 충성 손주들과 함께하는 손주 캠프.

어안고 킥킥거리고 소근거리며 밤을 즐긴다.

그런데 최근에 깜짝 놀란 사건이 일어났다. 잠을 자다 깨어 보니 큰손주 행복이가 이불 속에서 뭔가를 하는 것이 감지되어 이불을 들춰 보았다. 할아버지 핸드폰을 가져다가 웹툰을 보고 있는 거였다. 손주도 놀라고 나도 놀랐다. 상상도 못한 일이다! 중학교 2학년인 행복이는 아직도 핸드폰이 없다. 물론 큰아들네 손주 네 명도 포함해서 우리 여덟 명의 손주들에겐 모두 핸드폰이 없다. 기독교 대안학교를 보내며 나름대로 정해 놓은 원칙이 있어서 핸드폰은 사주지 않았다. 행복이는 사춘기를 지나는 중인데, 청소년들이 보는 웹툰을 보고 싶어 모두가 잠들기를 기다렸다 몰래 보다가 그만 내게 들킨 것이다.

나는 마음이 너무 아파서 행복이의 머리에 손을 얹고 울며 기도했다. 손주를 책망하며 기도하던 기도가 어느새 행복이의 마음을 읽고 공감하는 기도로 바뀌었다. 또래의 다른 아이들은 자기의 핸드폰을 가지고 있어 언제든 웹툰이며 게임을 하고 싶은 대로 다 하지 않는가? 행복이도 얼마나 하고 싶고, 보고 싶었을지 조금은 이해가 되어 안타까운 마음으로 울며 기도하고 많이 안아 주었다. 그리고 밤에 충분히 잘 자고 주일 아침에 예배드리기 전에 한 시간 정도 볼 수 있도록 허락해 주겠다고 약속했다. 물론 부모들에게는 이야기하지 않았다.

이제 행복이는 밤에 잘 자고 아침에 일어나 할머니를 도와 이불 정리도 잘하며 세 명의 동생들이 주일학교 예배드리러 간 후 중등부 예배드리는 시간까지는 여유가 있으니 그때 한 시간 정도 웹툰을 본다. 가능한 자극적이고 음란한 내용은 보지 않기로 약속하고 말이다. 지금까지는 잘 지키고 있다. 아직 풀어가야 할 과제가 많지만 이만큼 하는 것도 행복하고 감사하다.

매주 1박 하는 손주 캠프가 내 삶에 활력을 주어 감사하다. 언제까지 할 수 있을지 모르지만 건강과 여건이 허락하는 한, 그리고 아이들이 원하는 한 계속하고 싶다. 내가 행복해하는 그 이상으로 우리 손주들에게 아름답고 행복한 추억이 되어 믿음으로 세상을 이길 좋은 양분이 되길 기도한다. 먼 훗날 우리 손주들에게 할머니는 어떤 사람으로 기억될지 궁금하다.

※ 이 내용은 2021년에 쓴 글이다. 당시 큰아들 가정은 목포에 있어서 작은 아들네 손주들과 했던 이야기다. 2025년 현재는 작은아들 가정은 중국에 가 있고 큰아들 가정 손주들과 손주 캠프를 하고 있다.

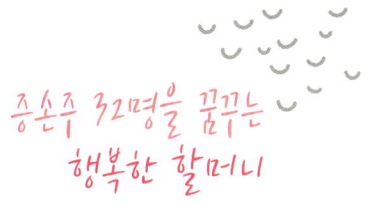

"할머니, 조금만 기다리세요! 우리가 할머니 증손주 32명 안겨 드릴게요."

고등학교 3학년인 제일 큰손자가 내 손을 잡고 가슴 뛰는 말을 해준다. 나는 두 아들을 낳아 키웠는데 우리 아들들은 결혼하여 각각 네 명씩 자녀를 낳아서 내겐 여덟 명의 손주가 있다.

함께 크는 손주들은 늘 하는 말이 "우리는 빨리 결혼해서 엄마, 아빠처럼 네 명씩 낳겠다"고 한다. 이제 초등학교 5학년 막내손자도 결혼이 뭔지도 모르면서 "맞아요! 네 명 낳아야 좋아요"라고 하는데, 아마 여럿이서 함께 지내는 즐거움과 맛이 어떤지 경험해서 그런 것 같다. 나는 그럴 때면 이렇게 말한다.

"고마워! 할머니는 세상에서 가장 행복한 할머니야! 할머니가 왕할머니 되어 많은 증손주를 안아 볼 수 있다면 얼마나 좋을까? 하지만 아이 많이 낳고 싶은 너희 생각과 달리 결혼할 남편이나 아내가 한마음이 되지 않으면 그렇게 할 수 없어."

그러면 아이들은 "그럼 물어보고 낳겠다고 하는 사람과 결혼하면 되잖아요!"라고 말한다. 우리 손주들 마음속엔 벌써 아기를 많이 낳아 기르겠다는 특별하고 기특한 생각이 자리 잡은 듯하다.

내가 결혼하여 아이를 낳을 당시 80년대는 급격한 인구 증가가 국가적인 문제였기에 강력한 산아제한 정책을 펼치던 때였다.

"덮어 놓고 낳다 보면 거지꼴을 못 면한다"(1960년대).

"딸 아들 구별 말고 둘만 낳아 잘 기르자"(1970년대).

"잘 키운 딸 하나 열 아들 안 부럽다"(1980년대).

"하나씩만 낳아도 삼천리는 초만원"(1980년대).

그 영향으로 출산율은 급격히 낮아져서 1984년의 합계 출산율은 1.76까지 떨어졌다. 1990년대 중반 이후 출산율은 더욱 빠른 속도로 감소했고, 1994년엔 1.66명, 1999년에는 1.43명, 2002년에는 1.18명까지 감소했다. 마침내 2023년에는 0.72명까지 내려가 OECD 국가 최하위라고 한다.

이처럼 저출산의 심각성을 인지하지 못하고 있던 정부가 출산율 회복을 위한 대책을 내놓은 것은 2005년이다. 2005년의 합계 출산율은 1.08로 당시에는 역대 최저 수준이었다. 산아 제한 정책이 목표를 달성하기까지 이삼십 년이라는 세월이 걸렸듯이 현재의 저출산 상황을 해결하는 것 역시 긴 시간이 필요하다고 한다. 출산율 절벽이라는 말이 나오고 계속되는 인구 감소로 인해 국가의 존폐 위기까지 고조되는 상황이다.

나는 어린이집을 30년 넘게 운영하는 원장으로 출산이 얼마나 급격하게 감소하고 있는지 피부로 느낀다. 주변을 둘러봐도 임산부가 거의 없다. 결혼할 적령기 청년들이 결혼할 생각도 안 하고 결혼해도 아이 낳을 계획이 없는 경우가 허다하다. 경제적인 이유, 일하는 여성들의 경력 단절, 교육에 대한 부담, 개선되기 힘든 육아 등 이유는 다양하다. 정부에서는 내년부터 부모 급여로 0세 아동을 키우는 가정에 월 100만 원을 준다고 발표했다. 이 정책이 얼마나 실효를 거둬서 부모들이 아이를 낳을지 모르지만 돈보다 더 중요한 것은 생명 존중이 아닐까.

아이를 키우는 부모가 양육에 대한 부담이 아닌 기쁨과 행복을 느낄 수 있다면 얼마나 좋을까? 최근 어느 부모교육에서 들은 내용 중 하나가 "아이를 낳는 이유는 잘 키우려고 낳는 것이 아니라 사랑하려고 낳는 것이다"라는 말씀을 듣고 눈물이 나도록 공감했다. 우리 아이들이 부모나 교사나 주변인들에게 사랑과 존중을 받아야 잘 자란다. 아이들은 존재 자체로 우리에게 큰 기쁨을 준다. 세상 그 어떤 것과 바꿀 수 없는 소중한 선물이다.

나는 이제라도 아이를 더 낳을 수 있다면 또 낳고 싶다. 산아

제한 정책에 맞서지 못하고 둘만 낳아 기른 것이 인생의 가장 큰 후회 중 하나다. 그래서 요즘도 외동아이를 키우는 부모에게는 만날 때마다 말한다. "동생 낳아 주는 건 아이에게 주는 가장 큰 선물이 될 거예요." 자녀는 혼자 크는 것보단 형제들이 어울려 사랑을 주고받으며 자라는 것이 좋다. 물론 외동 자녀도 부모의 관심과 사랑을 독차지하며 원만하게 성장할 수 있다. 그래도 혼자보다 둘이, 둘보다 셋, 넷이 더 좋은 것 같다.

형제간에 치열하게 싸우면서 정이 들고, 인간관계 기술이 늘어간다. 서로 의지하고 의견을 조율하며 그 안에서 리더십도 발달한다. 자녀 양육에 대한 노하우가 성숙해 가는 것을 본다. 나 역시 손주들이 늘어날 때마다 기쁨은 배가 되고 더 좋은 할머니로 거듭나고 있는 것 같다. 내가 사는 동안 정말 32명의 증손주를 품에 안을 수 있을지 모르지만, 생각만 해도 설렌다. 몸과 마음을 건강하게 단련해, 가능하다면 증손들에게 따뜻한 영향을 주는 '행복한 왕할머니가' 되고 싶다.

에필로그

감사로 마무리하는
저녁 햇살처럼

　어느덧 글을 마무리하며 책장을 덮으려 한다. 처음엔 그저 내 안에 쌓인 이야기들을 꺼내 놓고 싶다는 마음이었다. 삶을 기록하고, 기억하고, 또 누군가에게 건네고 싶은 마음. 그 마음 하나로 이 책을 펴내기로 했다. 아이들과 부모님들, 교사들과 성도님들, 이웃과 가족들… 내 삶에 스쳐 지나간 소중한 사람들 덕분에 나의 삶은 풍성했다. 날마다 웃고, 감사하며, 울고 마음 아파했던 날들. 그러한 날들이 모여 나는 계속 성장했고 행복했다.

　그들을 만나며 나는 마음 엄마가 되었다. 마음 엄마로 살며 내 안에 '따뜻한 사랑을 품는 사람'이 되고 싶었다. 지켜보고, 안아주고, 다가가고, 말없이 등을 토닥여 주며 기도하는 그런 사람. 물론 부족한 순간도 많았고, 마음처럼 되지 않을 때도 있었다.

그럼에도 여전히 하나님은 위로해 주신다. "괜찮아, 잘하고 있어." 그 응답이 있어 다시 일어설 수 있었고, 그렇게 나는 오늘도 아침해처럼 떠올라 힘찬 하루를 살아간다.

이 책이 완전하지 않더라도, 누군가에게는 작은 위로가 되고, 다른 누군가에게는 '나도 이렇게 살아볼까' 하는 생각의 씨앗이 된다면 만족하고 감사한다. 나는 여전히 매일 써 내려가는 중이다. 기도와 감사, 사랑과 소망을 품은 이야기로 가득 채워지길 바란다. 그리고 그 이야기 속에 하나님의 은혜가 녹아 있기를 바라며…

내일 새벽에도 창문을 열고 힘차게 솟는 아침해를 바라보며, 기쁨으로 노래하고, 믿음으로 선포할 것이다. "나는 아침해다. 오늘도 누군가의 하루를 따뜻하게 비추며, 사랑으로 품는 마음 엄마다."